Djerba

Rita Henß

Reisen mit Erlebnis-Garantie

MERIAN-TopTen
Was Sie unbedingt sehen sollten

MERIAN-Tipps
Persönliche Empfehlungen unserer Autoren

MERIAN-Bewertung
M M M Nicht zu übertreffen
M M   Herausragend
M   Sehr gut

Für Familien
Für Eltern mit Kindern besonders geeignet

Tourenplaner
Damit Sie leichter ans Ziel kommen

INHALT

4 **Eine Insel stellt sich vor**

14 **Hotels und andere Unterkünfte**

17 Alle Unterkünfte auf einen Blick

18 **Essen und Trinken**

24 Essdolmetscher

26 **Sehenswerte Orte**

28 **Houmt Souk**
38 Bordj Djillidj
38 Cedriane
38 El-May
40 Erriadh
41 Guachen
41 Ile des Flamants
41 Melitta

42 **Midoun**
48 Aghir
48 Bordj Ben Ayad
48 Mahboubine
50 Moschee Jemaa Fadhloun
50 Ras Touguerness
50 Sidi Mahrès und La Séguia

54 **Djerbas Süden**
55 **Ajim**
58 Djorf
58 Gightis
59 Moschee Jemaa Lutar
60 **Guellala**
64 Bordj Kastil
65 El-Kantara (Meninx)
66 Sedouikech
66 Zarzis

Sehenswert: Guellalas neues Museum für Volkskunde eröffnet nicht nur Einblicke in traditionelle Handwerkskünste und typische Lebensformen, sondern auch fantastische Ausblicke (→ S. 62).

70 **Extra:** Djerba mit Kindern
72 **Extra:** Sport und Strände

76 **Routen und Touren**

78 **Mit dem Boot:** Piratenfahrt zur Flamingo-Insel
81 **Mit dem Fahrrad:** Palmen und Zitrusfrüchte – Djerbas Gartenregion
84 **Mit dem Fahrrad und zu Fuß:** Die einsame Westküste
86 **Mit Sammeltaxi, Bus und Kalesche:** Zum Palmenhain von Gabès
88 **Mit dem Auto:** »Kulissenzauber« – das Bergland von Matmata
92 **Mit Auto oder Bus und Nostalgiezug:** Trip zum Tor der Sahara

96 **Wichtige Informationen**

98 Djerba von A–Z
112 Geschichte auf einen Blick
114 Sprachführer
116 Kartenatlas
124 Orts- und Sachregister
128 Impressum

 Karten und Pläne

Südtunesien .... Klappe vorne
Houmt Souk .... Klappe hinten
Gightis............................S. 59
Kartenatlas............. S. 116–123

Die Buchstaben-Zahlen-Kombinationen im Text verweisen auf die Planquadrate der Karten.

Eine Insel stellt sich vor

La Douce, die Sanfte, wird Djerba genannt, denn ein moderates Klima und weiche Formen prägen ihren Charakter – in der Natur wie in der traditionellen Architektur.

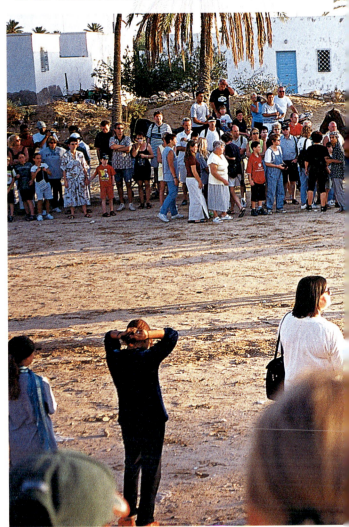

Die »fantasia«, eine Reitervorführung, ist Teil der aufwendig inszenierten Berberhochzeit, die jeden Dienstag zahlreiche Touristen nach Midoun lockt (→ S. 43).

Eine Insel stellt sich vor

Steile Küsten oder schroffe Berge sucht man vergebens auf dieser mit 514 Quadratkilometern größten nordafrikanischen Insel, die sich unmittelbar vor der südtunesischen Küste, im Golf von Gabès, unweit der Grenze zu Libyen erstreckt. Auf der Karte erinnert die Gestalt der von weißen, flachen Stränden gesäumten Insel mit etwas Fantasie an einen massigen Stier; die Legende bringt Djerba indes mit einer Frucht in Verbindung. Es sei, so heißt es immer wieder, das im 9. Gesang der Odyssee besungene Eiland der Lotophagen, der Lotosesser.

Wechselvolle Geschichte

Wie dem auch sei – Fremde gehören seit jeher zur Geschichte der Insel. Phönizier, Römer, Araber, Türken, Franzosen lenkten die Geschicke des Eilands, Normannen und Spanier versuchten, sie unter ihre Regentschaft zu bringen.

Wann genau und aus welcher Ecke der Welt die ersten Siedler auf die Insel kamen, ist allerdings unbekannt. Die Griechen nannten das frühe Volk »Libyer«, heute spricht man allgemein von Berbern. Ihre traditionelle Siedlungsform und schlicht-schöne, harmonisch in die Natur gefügte Architektur prägt noch weite Teile des Inselinneren. Auch die Berbersprache wird auf Djerba noch von vielen gesprochen, und immer wieder sieht man, häufiger als anderswo in Südtunesien, im ländlichen Alltag die verschiedenen Stammestrachten.

Als die Karthager ihren Einfluss auf das Eiland ausdehnten, das sie Meninx nannten (von der Wortkombination mê-nagés, wört-

Reichtum durch Karawanen

lich: kein Wasser), war es bereits berühmt für sein Öl und seine Amphoren, aber auch für die Kunst seiner Weber und das Vorkommen der Murex-Schnecke, aus deren Fleisch das Purpur gewonnen wurde. Durch den Handel mit dem kostbaren roten Stoff erblühte die Insel zu einer Drehscheibe für den Warenaustausch mit ganz Afrika. Die Sahara-Karawanen zogen aus mit gefärbten Stoffen, Töpferwaren, Öl, Wein, Früchten und getrockneten Fischen und kehrten zurück mit Gold, Elfenbein, Federn, Häuten – und Sklaven.

Djerbas damalige Bedeutung lässt sich noch heute am Südzipfel der Insel, unweit des Römerdammes, erahnen: Dort haben Ausgrabungen eine Stadt von mehr als 30 000 Quadratmetern Fläche nachgewiesen.

Nach den Punischen Kriegen gelangt Meninx unter römischen Einfluss. Siedlungen mit Villen und Tempeln entstehen, ausgeschmückt mit herrlichen Mosaiken – eine Kunsttechnik, der man heute indes meist nur noch auf Werbeplakaten des Fremdenverkehrs begegnet. Im 3. Jahrhundert n. Chr. wird mit **Girba** (dem heutigen **Houmt Souk**) eine der Römersiedlungen zum Bistum erklärt. Von dem einstigen christlichen Glaubenszentrum der Insel leitet sich auch ihr noch heute ge-

EINE INSEL STELLT SICH VOR

Oben: In Matmata, dem berühmtesten Höhlendorf Südtunesiens, können Sie unterirdisch übernachten (→ S. 88).

Mitte: In Houmt Souk kann man bei einem Bummel durch die Altstadt noch traditionelle Webereien entdecken (→ S. 29).

Unten: Die mächtige Festung Bordj El Kebir, das auffälligste historische Bauwerk der Insel, erhebt sich in Houmt Souk direkt am Meer (→ S. 33).

EINE INSEL STELLT SICH VOR

bräuchlicher Name Djerba ab. Inzwischen gibt es auf dem Eiland allerdings nur noch eine (als Sporthalle genutzte) Kirche – aber mehr als 300 Moscheen.

Waren die Christen also quasi für die Taufe zuständig, so schreibt die Legende den Juden die erste Siedlung auf Djerba zu. Bereits nach der Zerstörung Jerusalems durch Nebukadnezar 586 v. Chr., so heißt es, erkoren einige von ihnen das von fischreichen Gewässern umgebene Eiland zu ihrer neuen Heimat. Verbrieft ist die Existenz einer jüdischen Gemeinde auf der Insel allerdings erst seit dem 10. Jahrhundert. Fern der Einzelgehöfte der streng muslimischen berberischen Urbevölkerung, die vorwiegend der ibaditischen und in kleinen Teilen der malekitischen Glaubensrichtung angehörte, lebten die Juden in ihren eigenen Siedlungsverbänden: Hara Kebira und Hara Seghira – heute zwei Vororte der Hauptstadt **Houmt Souk**.

Weder Quellen noch Berge

Außer dieser Metropole sucht man große Siedlungen auf Djerba vergebens. Lediglich Midoun im Südosten hat sich zu einem kleinen Städtchen entwickelt. Ansonsten lebt die Bevölkerung des bis auf einen Hügel von 52 Metern Höhe ebenen, von keinerlei Flüssen oder Bachläufen durchzogenen und von keinen Süßwasserquellen gespeisten Eilands in weniger als einem Dutzend Ortschaften. Die Moschee(n), ein paar Cafés und einfache Kramläden – mehr haben die Dörfer

meist nicht aufzuweisen. Zwischen ihnen dehnen sich Olivenhaine und die über brunnengespeiste Kanäle bewässerten Felder bzw. Obst- und Gemüse-Gärten der traditionellen berberischen Einzelgehöfte. Die Küsten sind flach und aufgrund der versalzenen Böden weitgehend unbesiedelt. Seit den sechziger Jahren hat hier der Tourismus Fuß gefasst, vor allem an den Stränden von Sidi Mahrès und La Séguia. Die Gewässer sind seicht, denn Djerba ist von einem Gürtel aus Sandbänken umgeben. Allerdings herrscht vor der Insel ein für das Mittelmeer ungewöhnlich großer Gezeitenunterschied von rund 1,20 Metern.

Das Klima Djerbas ist arid, es fallen nur sehr wenig Niederschläge (etwa 200 ml pro Jahr), aber immer noch mehr als zum Beispiel in Gabès auf dem Festland. Eine wirklich kalte Jahreszeit gibt es auf der Insel nicht, zwischen November und April allerdings bewegen sich die Temperaturen lediglich auf einer Palette zwischen 12 und 19 Grad. In den übrigen Monaten zeigt das Thermometer in der Regel mindestens 20 Grad; die heißesten Perioden sind Juli und August.

Der Mangel an Süßwasser lässt auf Djerba hauptsächlich Gewächse gedeihen, die entweder in der Lage sind, »trocken« zu wachsen (wie Kakteen, Alfa-Gras, dorniger Ginster, wilder Beifuß), die salzige Böden nicht scheuen (Tamarisken, Palmen) oder eine geringe Verdunstungsoberfläche haben. Letzteres trifft unter anderem auf den Ölbaum zu: Er kann seine kleinen Blätter sogar noch ein Stück weit zusammenziehen. Ausgedehnte Olivenhaine bedecken daher die Mitte der Insel; zwischen den Baumreihen säen Djerbas Bauern Weizen und Gerste. Einst speiste das Öl der djerbischen Oliven, so heißt es, die Lampen Roms, heute reicht die Ausbeute der kaum daumennagelgroßen schwarzen Früchte gerade zur Deckung des Eigenbe-

Paradiesische Gärten

darfs in den Familien. Im November, zur Olivenernte, wird die Erde unter den Ölbäumen kreisförmig geebnet und das Rund mit Tüchern oder Folie ausgelegt. Auf Eselskarren oder Pickups wird das Pflückgut in eine der traditionellen unterirdischen Ölmühlen (**maasera**) gebracht. Man erkennt diese Bauwerke an ihrer niedrigen, weiß gekalkten Kuppel, unter der sich das Mahlwerk verbirgt.

In den Küstengebieten stehen Dattelhaine. Die auf Djerba kultivierten Dattelarten sind allerdings von nicht sehr hoher Qualität. Manche werden sogar ausschließlich als Tierfutter verwendet. Die für Menschen essbaren Sorten heißen **lemsi, aguiwa** und **mtata** – wer kann, leistet sich allerdings die **deglet-en-nour**, »Finger des Lichts«, die aus den Oasen Südtunesiens stammen, vor allem aus dem Gebiet um Douz. Sie gelten als die besten Datteln des ganzen Landes. Die Berber nennen die Dattel(-palme) **taghla** (kostbar), denn sie liefert nicht nur Nahrung, sondern Materialien für viele Zwe-

Ein passendes Mitbringsel aus Ihrem Djerba-Urlaub findet sich bestimmt – es muss ja nicht gleich eine Wasserpfeife sein ...

cke. Ihre Stämme werden als Balken beim Hausbau verwendet und für die Bewässerungskanäle; aus ihren Blättern werden Zäune, Matten, Körbe und Hüte sowie Spaliere für die Fischer geflochten.

Das Gebiet zwischen **El-May**, **Guachen** und **Midoun** ist die landwirtschaftliche Schatzkammer Djerbas. Hier wachsen auf lehmig-sandigen Böden, die gut Feuchtigkeit speichern, Tafeltrauben, Granatäpfel, Orangen, Zitronen, Feigen, Pfirsiche und Aprikosen. Auch Mandel-, Birn- und Apfelbäume bezaubern mit ihren duftigen Blüten, man sieht Melonen, Tomaten, Artischocken und Karottengrün. Dass auf Djerba ursprünglich Steinwüste vorherrschte, lässt diese zum Teil schon Jahrhunderte alte Kulturlandschaft nicht mehr ahnen.

Bewässert werden die von niedrigen Erdwällen und/oder Kakteen- bzw. Agavenzäunen begrenzten Gärten (**senia**) durch ein Jahrhunderte altes Kanalsystem (**saroutes**). Gespeist wird es aus gemauerten Ziehbrunnen (**oualeg**), deren Seitenwände an zwei große, steinerne Wäscheklammern erinnern. Mehr als 2000 solcher Wasserschächte gibt es auf der Insel; viele davon sind allerdings bereits verfallen und liegen ungesichert im Gelände. Im südöstlichen Inselinneren sieht man indes noch manch intakte Brunnenanlage. Statt Ochs oder Dromedar fördert aber inzwischen eine Elektropumpe ihr kostbares Nass zu Tage. Rinder und Wüstenschiffe sind selten geworden auf der Insel, meist sieht man nur ein paar Ziegen oder Schafe oder mitunter ein Maultier, einen Esel oder ein Pferd. Viehzucht in großem Stil oder Herden sucht man hingegen auf Djerba vergebens.

Neben diesen Nutztieren findet man auf der Insel nur wenige frei lebende Kreaturen: Fuchs, Hase und Igel gehören dazu, Springmäuse, der schwarze Skorpion, Eidechsen und Nattern. Im Winter füllt sich der **Golf von Gabès** mit Zugvögeln. Sein Schlammboden ist reich an Weichtieren, Krebsen und Würmern, das die übers Mittelmeer einfliegenden europäischen Winterflüchtlinge – darunter auch Flamingos – sehr schätzen. Vor allem die Halbinsel zwischen Houmt Souk und dem Strand von Sidi Mahrès ist ihr bevorzugtes Revier, man trifft sie aber auch an der Küste vor Guellala an und auf dem Festland kurz hinter dem Römerdamm, bei Ersifet.

Weiße Mauern unter blauem Himmel

Die im Inselinneren noch zahlreich zu sehenden traditionellen, weiß gekalkten berberischen Einzelgehöfte (**menzel**) wirken wie kleine Festungen. Ihre Bewohner lebten seinerzeit weitgehend autonom. Neben dem eigentlichen Haus (**dar** oder **houch**) mit schattigem Innenhof, Ecktürmen, Tonnengewölben, Dachkuppeln und blauen Türen gehörte zu jedem Menzel ursprünglich ein Brunnen, eine Zisterne sowie eine Tenne, auf der Getreide gedroschen und Früchte getrocknet wurden. Noch bis weit ins 19. Jahrhundert existierten auf der Insel außer der Hauptstadt Houmt Souk kaum nennenswerte Ortschaften – dafür aber gut 5000 Menzel, die ein Labyrinth von Parzellen, Erdwällen, Hecken und Wegen bildeten.

An eine Eroberung solch verstreuter und baulich gesicherter Besitztümer war kaum zu denken. Außerdem gab es an der Küste eine Reihe von Beobachtungsstationen. In diesen **marabouts**, quadratischen Bauten mit einer Kuppel als Dach, lebte ein **morabit**, ein frommer Mann. Während seiner stundenlangen Gebete beobachtete er aufmerksam die Umgebung. Per Lichtzeichen signalisierte er jegliche Gefahr an eine der zahlreichen Moscheen, die diese Warnung wiederum in gleicher Manier an die Menzel weitergaben.

Heute werden die Marabouts von der zu 98 Prozent muslimischen Bevölkerung Djerbas als Heiligengräber verehrt. In Djerbas Moscheen-Architektur spiegelt sich deutlich die Spaltung zwischen den beiden islamischen Glaubensrichtungen der Ibaditen und Malakiten. Klein, gedrungen, mit niedrigem, viereckigem Minarett, erinnern die ibaditischen Moscheen fast ein wenig an Wehrbauten – und als solche wurden sie einst ja auch genutzt. Ganz anders die malakitischen Moscheen. Ihr Minarett strebt weithin sichtbar hoch hinauf in den Himmel, der gesamte Bau ist weitläufiger und vielfältiger gegliedert. Als Schutzraum mussten diese erst ab dem 17. Jahrhundert errichteten Gebetsstätten nicht mehr fungieren.

Vor allem im Berbergebiet im Inselinneren und im Süden sind die Menschen noch weitgehend strenggläubige Ibaditen. Tradition spielt nach wie vor eine große Rolle in ihrem Alltagsleben. Viele, auch junge, Frauen tragen hier noch die weißen oder aber in Rot- und Brauntönen gehaltenen Stammestrachten, oft mit einem auch für die Männer typischen Hut aus Palmstroh kombiniert. Fremden gegenüber sind sie recht distanziert; wer darum bittet, sie fotografieren zu dürfen, wird meist mit einem Nein beschieden.

Fischer, Bauern, Händler

Neben ihrer Landwirtschaft oder der Fischerei und natürlich als Händler betrieben die Djerbi stets auch ein wenig Handwerk – ursprünglich nur für den Eigengebrauch. Sie saßen am Webstuhl, flochten Körbe, Zäune, Hüte und Matten aus Palmstroh oder formten aus der bei **Guellala** vorkommenden Tonerde Schalen, Amphoren und Krüge. Allmählich wuchsen sich diese Tätigkeiten für viele jedoch zu einem wichtigen Erwerbszweig aus. Die halbunterirdischen Webereien mit ihren charakteristischen Dreiecksgiebeln entdeckt man noch an vielen Stellen der Insel. Und Djerbas Fischer benutzen noch heute spezielle, auf der Insel hergestellte Tongefäße zum Fang von Tintenfischen.

Das 20. Jahrhundert brachte große wirtschaftliche Umbrüche auch für Djerba. So wurde die traditionelle Weberei, von der einst

❶ MERIAN-Lesetipp

Als Einstimmungslektüre eignet sich das von Hans-Ulrich Wagner herausgegebene Taschenbuch **Tunesien – Ein literarisches Porträt** (Insel Verlag). Es versammelt Auszüge aus historischen und aktuellen (Reise-)Berichten, von denen fünf der Insel Djerba gewidmet sind. Die anderen Texte führen u. a. zu den Höhlendörfern des Matmata-Gebirges, in die Region der Salzseen und in die Wüstenoasen, erzählen von Vandalen, Märtyrern und Piraten oder gar von »Speisen, die Lust erwecken«. Ein vergnüglich-informativer Einstieg, angereichert um ein halbes Dutzend stimmungsvoller Fotografien.

mehr als 60 Prozent der Bevölkerung lebten, das Opfer industriell gefertigter Stoffe, die zunächst von Europa ins Land kamen, später in Tunesien selbst hergestellt wurden. Heute sind auf der Insel nur noch wenige Webstühle in Betrieb. Plastikbehälter, Strom und Trinkwasser machten auch die seit der Antike auf Djerba gefertigte Gebrauchskeramik mehr und mehr überflüssig. Und für viele Bauern, deren Erträge sowieso schon nicht sehr hoch waren, bedeutete der Preisverfall bei den landwirtschaftlichen Produkten das Aus.

Unzählige Djerbi verließen daraufhin ihre Heimat und suchten in den großen Städten Tunesiens oder gar Frankreichs eine neue Existenz. Vor allem als Händler erzielten sie große Erfolge. So gehören die meisten Kolonialwarenläden in Tunis, aber auch im fernen Paris Djerbi-Familien. Einen Teil des Gewinns schicken diese Exilanten in der Regel nach Hause auf die Insel und unterstützen damit die in der Heimat gebliebenen Verwandten.

Tourismus auf Djerba

Mit dem Aufkommen des Massentourismus in den siebziger Jahren erfuhr Djerba einen tief greifenden Wandel. Das Straßennetz wurde ausgebaut, ein Flughafen errichtet, an der bislang unbesiedelten Küste wuchsen die Hotels aus dem Boden. Statt in die großen Städte Nordtunesiens oder ins Ausland abzuwandern, blieben viele Djerbi nun auf der Insel, um hier ihren Unterhalt zu verdienen. Im steten Streben, sich an die Bedürfnisse der Urlauber anzupassen, ging jedoch ein Großteil ihrer kulturellen Identität verloren.

Ob im Bazar von Houmt Souk, im Töpferdorf Guellala oder im Fähr- und Schwammfischerhafen Ajim – fast ausnahmslos verdanken die Menschen hier inzwischen ihre Existenz den Touristen. Entsprechend intensiv fällt oft die Aufforderung zum Kaufen aus. Viele Bauern ließen die aufwendige Arbeit auf den Feldern sein und verdingten sich im Tourismus. Ihre Äcker liegen nun brach, das Angebot an frischem Gemüse und Obst wird immer weniger auf der Insel. Die Preise steigen. Schon jetzt, so sagen die Einheimischen, ist das Leben auf Djerba doppelt so teuer wie auf dem Festland. Trotzdem strömen von dort noch immer Arbeitssuchende auf die Insel, denn das touristische Angebot wird ständig weiter ausgebaut.

Für Djerba selbst bleibt freilich nur wenig von den Umsätzen, die in den großen Hotels und Agenturen getätigt werden, denn meist sind sie in ausländischer Hand oder gehören Einheimischen, die nicht auf der Insel, ja mitunter sogar nicht einmal in Tunesien leben.

Djerba habe, so kritisieren viele Alteingesessene, durch den Tourismus seine Unschuld verloren. Noch hat sich »die Sanfte« gegen diese Entwicklung nicht aufgelehnt. Aber erste Stimmen werden bereits laut, die ein Umdenken fordern, eine »sanftere« Art des Bereistwerdens und mehr individuelle Angebote.

EINE INSEL STELLT SICH VOR

Oben: Die süßen Früchte der Dattelpalme bestimmen das wirtschaftliche Leben der Oasenbewohner. Am begehrtesten ist die Sorte »Finger des Lichts«.

Mitte: Die Bergregion von Matmata gehört bis heute zu den wichtigsten Berber-Enklaven Tunesiens (→ S. 88).

Unten: In den stillen Dörfern im Hinterland kann man mit etwas Glück einen Blick in die Wohnung einer Berberfamilie werfen. Meist wohnen hier allerdings nur noch Frauen, Kinder und Greise – die Männer arbeiten in den Städten (→ S. 90).

Hotels und andere Unterkünfte
Die ersten Djerba-Reisenden
kamen mit den Karawanen, nächtigten in den Fondouks von Houmt Souk. Inzwischen stehen rund 100 Hotels mit 35 000 Betten auf der Insel.

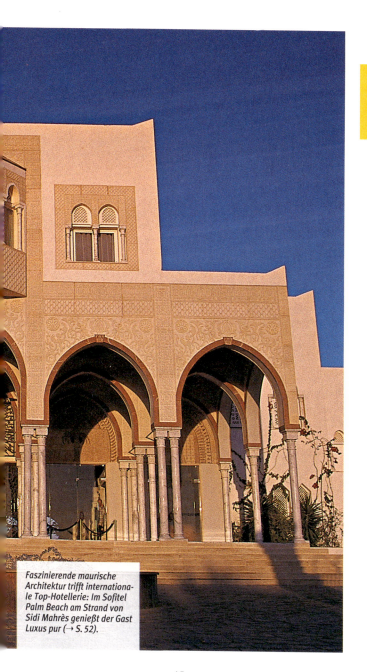

Faszinierende maurische Architektur trifft internationale Top-Hotellerie: Im Sofitel Palm Beach am Strand von Sidi Mahrès genießt der Gast Luxus pur (→ S. 52).

HOTELS UND ANDERE UNTERKÜNFTE

Weitere 4000 sind für die nächste Zukunft geplant, so viele, wie bereits in der Küstenoase Zarzis existieren, die europäische Pauschalreiseveranstalter ebenfalls über den Flughafen Djerba-Melitta anbieten. Bis zum Jahr 2010 sollen 50 000 Nachtlager für Gäste zu Verfügung stehen. Schon in den sechziger Jahren entdeckte die Ferienindustrie die Insel der Lotophagen als günstiges Sonnenziel. Mit der Errichtung des ersten Strandhotels Al Jazira und des Hüttendorfs La Fidèle des Club Mediterranée (1962) sowie der Eröffnung des Flughafens (1964) begann ihre touristische Karriere; der Bau einer Wasserpipeline, der das auf der Insel rare Süßwasser rund 120 km vom Festland herleitet, förderte sie. Mittlerweile staffeln sich die Herbergen, die jährlich fast 80 Prozent des kostbaren Nasses konsumieren, zum Teil bereits in Dreierreihen von der Küste ins Landesinnere. Die ältesten und einfachsten von ihnen werden gerade wieder eingerissen oder zumindest kräftig aufgepeppt – statt Zwei- und Drei-Sterne-Komfort will man künftig dem Gast auf Djerba hauptsächlich gehobene Unterkünfte bieten.

Pauschaltouristen nächtigen meist in den großen Ferienhotels in den Bereichen der Strände Sidi Mahrès und La Séguia. Für Urlauber, die nur Sonne und Strand möchten und üppige Buffetmahlzeiten lieben, sind diese – oft sehr hübsch mit arabischem Flair ausgestatteten – Häuser und Clubanlagen zweifelsohne die richtige Adresse. In der Regel bieten sie eine Vielfalt von Betätigungsmöglichkeiten – angefangen von sportlichen Aktivitäten bis hin zu Thalasso-, Beauty- und Unterhaltungsprogrammen. Meist sind sie auch das ganze Jahr über geöffnet und haben zum Teil sogar beheizte oder Indoor-Pools.

Eine Alternative zu den von der Hauptstadt zwischen zehn und 25 km entfernten Küstenherbergen stellen die Stadthotels in Houmt Souk und Midoun dar. Sie haben eher Pensions- als Hotelcharakter, umfassen in der Regel maximal 20 Zimmer und bieten außer einer Dusche meist keinen Komfort. Manche von ihnen sind in alten Fondouks mit begrünten Innenhöfen untergebracht, ihre Einrichtung entspricht mit gemauerten Bettsockeln

❶ MERIAN-Tipp

Dar Dhiafa – Haus des Gastes, hat Slah Allani sein exquisites, kleines Hotel in der Ortschaft Erriadh genannt. Es stellt ein Novum in Djerbas Hotellerieszene dar, steht es doch abseits der Strände und auch außerhalb der Hauptstadt. Es entstand in zwei ehemaligen traditionellen Stadthäusern und gruppiert sich um zwei Innenhöfe mit Swimmingpools, umfasst einen traditionellen Hammam und lediglich 14 Zimmer und Suiten. Tunesische Künstler sorgten für die Ausstattung; ihre Werke paaren sich mit landestypischen Antiquitäten, angefangen bei herrlichen alten Türen und Kacheln bis hin zu kunstvoll verzierten Kommoden. Das tunesische Spezialitätenrestaurant ist im gleichen Stil eingerichtet; es steht auch Nicht-Hotelgästen offen. Erriadh, Tel. 00 21 65 67 11 66, Fax 67 97 93, E-Mail: dar. dhiafa@gnet.tn, DZ 170 tD, Suiten 210 und 250 tD. ◼ C 1, S. 116

HOTELS UND ANDERE UNTERKÜNFTE

und Vorhangregalen statt Schränken dem traditionellen Wohnstil auf der Insel. Auch die einzige **Jugendherberge** der Insel wurde in einer ehemaligen Karawanserei eingerichtet. Über das Fremdenverkehrsamt in Midoun gibt es auch die Möglichkeit, ein paar Tage bei einer Berberfamilie (zahlender) Gast zu sein.

Preisklassen

Die Preise gelten für eine Übernachtung im Doppelzimmer für zwei Personen ohne Frühstück.
★★★★ Luxusklasse ab 150 tD
★★★ Obere Preisklasse ab 100 tD
★★ Mittlere Preisklasse ab 50 tD
★ Untere Preisklasse ab 50 tD

Alle in diesem Buch empfohlenen Unterkünfte auf einen Blick

Luxushotels

La Séguia: Miramar Cesar Palace.....S. 52
Sidi Mahrès: Athénée Palace..........S. 51
Sidi Mahrès: Hasdrubal Thalassa....S. 51
Sidi Mahrès: Sofitel Palm Beach......S. 52
Zarzis: Odyssee...........................S. 68

Hotels mit Flair

Erriadh: Dar Dhiafa (MERIAN-Tipp)...S. 16
Houmt Souk: Erriadh....................S. 30
Sidi Mahrès: Athénée Palace..........S. 51
Sidi Mahrès: Djerba Orient ....S. 51
Sidi Mahrès: Sofitel Palm Beach......S. 52
Zarzis: Sangho Club ....S. 68

Stimmungsvolle Unterkünfte in ehemaligen Karawansereien

Houmt Souk: Arisha....................S. 29
Houmt Souk: Erriadh ....S. 30
Houmt Souk: Les Sables d'Or.........S. 30
Houmt Souk: Marhala..................S. 30

Kurhotel

Houmt Souk:
Grand Hotel des Thermes ....S. 30

Traditionell geführte Mittelklassehotels

Houmt Souk: Dar Faiza.................S. 30
Houmt Souk: Lotos......................S. 30
Midoun: Djerba Midoun ....S. 43
Sidi Mahrès: Dar Ali....................S. 51

Moderne Stadthotels

Houmt Souk: El Machrek...............S. 30

Ferien- und Familienhotels am Strand

La Séguia: Club Calimera...............S. 52
La Séguia: Club Med La Fidèle ....S. 52
La Séguia: Club Palma Djerba..........S. 52
La Séguia: Melia Djerba Menzel......S. 52
La Séguia: Sidi Slim ....S. 52
La Séguia: Tryp Palm Azur.............S. 53
Sidi Mahrès:
Club Med La Nomade ....S. 51, 71
Sidi Mahrès: Coralia Club
Palm Beach Djerba ....S. 71
Sidi Mahrès: Dar Midoun ....S. 51
Sidi Mahrès: Djerba Orient ....S. 51
Sidi Mahrès: Les Quatres Saisons....S. 51
Sidi Mahrès: Miramar Djerba Palace..S. 71
Sidi Mahrès: Sangho Village ....S. 52
Sidi Mahrès: Sofitel Palm Beach......S. 52
Zarzis: Amira............................S. 68
Zarzis: Giktis.............................S. 68
Zarzis: Nozha............................S. 68
Zarzis: Oamarit ....S. 68
Zarzis: Odyssee..........................S. 68
Zarzis: Sangho Club.....................S. 68
Zarzis: Zarzis.............................S. 69
Zarzis: Zephir............................S. 69
Zarzis: Ziha ....S. 69

Apartments/Ferienhäuser

Houmt Souk: Ben Abbès...............S. 29
Midoun: Résidence Jinène.............S. 44

Urlaub auf dem Bauernhof

→ MERIAN-Tipp ....S. 47

Jugendherbergen

Houmt Souk...............................S. 30
La Séguia: Centre Vacances Aghir....S. 52

17

ESSEN UND TRINKEN

Mit tunesischen Klassikern wie Couscous und »Fatimafingern« kitzeln Djerbas Köche den Gaumen ihrer Gäste. Seltener findet man die typischen berberischen Alltagsgerichte.

Auch im Trubel der Hauptstadt Houmt Souk findet man immer ein Plätzchen für eine Verschnaufpause. Wie wär's mit einem Tee mit Pinienkernen?

ESSEN UND TRINKEN

Frankreich ist zwar seit mehr als einem Jahrhundert sprachlich allgegenwärtig auf der tunesischen Insel, an kulinarischer Raffinesse indes hat es Djerba kaum etwas gebracht. Die jüngsten Einflüsse auf den Speisezettel der Djerbi stammen vielmehr aus Italien: Viele einfache Lokale bieten fast täglich **makroun** an, also Makkaroni oder ein anderes Nudelgericht (was dann aber den gleichen Namen trägt). Auch auf den Hotelbuffets spielt Pasta eine wichtige Rolle – Sizilien und der Süden des Stiefels sind schließlich nicht weit, und die Touristen von dort finden so auch im Urlaub ein Stück Heimat auf dem Teller. Ansonsten herrscht auf den üppig bestückten Pauschalherbergstafeln eine auf den mitteleuropäischen Magen abgestimmte Mischung vor, die von Karottensalat über Gemüsegratin bis hin zur Bulette reicht.

Ein, zwei Gerichte sind aber stets auch in den All-Inclusive-Häusern zumindest tunesisch angehaucht. Fast immer dominieren bei diesen »einheimischen« Speisen allerdings Rezepte vom Festland – nicht jene der Berber, die einst den größten Bevölkerungsanteil Djerbas stellten oder jene der zugewanderten Juden. Für die Restaurants, zumindest für jene mit Tischdecke und Stoffservietten in den touristischen Ballungszentren wie der Altstadt von Houmt Souk, gilt das Gleiche. Wer mag, kann hier **sahan tunisie** probieren, »tunesische Teller« mit kalten Bohnen, Karotten, Kartoffelstücken und manchmal etwas Tintenfisch. Das Ganze nennt sich mitunter auch **salade tunisienne** – tunesischer Salat. Ebenfalls angeboten werden dort oft »Fatimafinger«, kross ausgebackene Teigröllchen mit einer feinen Füllung aus Hackfleisch und Kräutern, oder **brik**, dünne Teigtaschen, in die ein Ei eingebacken ist oder die der Koch wahlweise mit

Tunfisch, Spinat oder Hackfleisch füllt. Auch **marka hloua**, ein für die bürgerliche Küche von Tunis typisches, im flachen Tontopf gegartes und bei Tisch gestürztes Ragout mit Pflaumen, Haselnüssen, Kastanien, Pistazien, Aprikosen, Mandeln und Rosinen, oder **madfouna**, die Variante mit Gemüse, findet sich in den besseren Speiselokalen auf der Karte. Je höher der Preis, desto größer ist hier allerdings meist die Anstrengung des Kochs, nicht zu scharf, zu deftig, zu einfach zu kochen.

Dabei sind es gerade diese Attribute, die die ursprüngliche Djerbi-Küche auszeichnen. Sie ist eine Küche der Fischer und Bauern, ihre Basis bilden wenige Produkte, die durch eine Vielfalt von Gewürzen – angefangen beim Knoblauch (**thoum**) über Kreuzkümmel (**kammoun**), Koriander (**tabel**) bis hin zu Pfefferschoten (**felfel**), Basilikum (**habaque**), glatter Petersilie (**maadnous**), Schnittlauch und Djerba-Lavendel,

Raffinesse durch Gewürze

der wie unser Majoran aussieht, schmeckt und riecht – sowie durch verschiedene Zubereitungsarten immer wieder schmackhaft variiert werden.

Weißbrot (**chobs**) in allen möglichen Formen und Hülsenfrüchte, vor allem Kichererbsen und Saubohnen, spielen eine zentrale Rolle, auch etwas Gemüse, meist in Gestalt von Karotten, Tomaten, Zwiebeln und Kartoffeln, hinzu kommen ein wenig Fleisch und Geflügel sowie die Ausbeute der fischreichen Gewässer um Djerba.

An die 80 Arten essbarer Meeresbewohner soll es rund um das tunesische Eiland geben, angefangen bei Garnelen, Krabben und Tintenfischen (die als getrocknetes Stückchen oft Suppen oder der Couscous-Brühe ein

ESSEN UND TRINKEN

Oben: Vitaminkick gefällig? In der Altstadt von Houmt Souk können Sie mit einem frisch gepressten Obstsaft für Energienachschub sorgen.

Mitte: Ein orientalisch angehauchtes Ambiente sorgt in manchen Hotel-Restaurants – hier das Dar Dhiafa (→ S. 16) – für stimmungsvolle Abende. Wer lieber draußen essen möchte ...

Unten: ... wird in den engen Gassen von Houmt Souk garantiert fündig.

ESSEN UND TRINKEN

kräftiges Aroma verleihen) über Barsche, Brassen und Barben bis hin zu Tunfisch und Stachelmakrelen. Allerdings haben sich viele der Flossen- und Panzerträger, gestört durch zunehmenden Strandlärm und den stetigen Ausbau des Hotelgürtels, aus den seichten Küstenbereichen in tiefere Gewässer zurückgezogen. Das macht ihren Fang nun schwieriger – und hat damit zu einer Verteuerung von Fisch und Meeresfrüchten geführt.

Lamm von Kopf bis Fuß und gut gefüllt

Fleisch ist ebenfalls nicht gerade günstig im Preis – daher findet man in den einfachen Lokalen selten mehr als ein oder zwei kleine Stücke davon auf dem Teller. Da Djerba Teil eines muslimischen Landes ist, handelt es sich dabei in der Regel um Hammel oder Lamm, in seltenen Fällen um Rind, vielleicht auch um Kamel, niemals jedoch um Schwein. Das gilt auch für die Innereien. Sie werden oft geschnetzelt und mit anderen Zutaten vermischt als Ragout serviert (z. B. **kahmounia** auf der Basis von Lammleber, **akad** aus Kutteln) oder gefüllt. So verbirgt sich hinter der **couscous hosbane** genannten Variante des tunesischen Nationalgerichts aus gedämpften Weizengrieß und Gemüsen eine Beilage aus Hammelmägen, gefüllt mit allen möglichen Innereien und anderen klein geschnittenen Fleischteilen vom Hammel oder Lamm.

Gebraten wird alles hauptsächlich in Olivenöl (**zit zitoun**), denn der Öl- bzw. Olivenbaum zählt mit der Dattelpalme zu den ältesten und am meisten verbreiteten Kulturpflanzen auf der Insel. Eine typische Zubereitung aus Guellala, dem Töpferdorf im Südosten der Insel, ist das Schmoren in der Amphore. Stundenlang bleiben Fleisch und Gemüse in dem verschlossenen Tongefäß im Ofen – erst bei Tisch wird es geöffnet. **Goulla** nennt sich diese im Restaurant nur sehr selten anzutreffende Spezialität. Etwas häufiger wird schon **ojja** angeboten – eine dicke Sauce aus Tomaten, Peperoni, Knoblauch, Oliven und eventuell Eiern, mitunter angereichert durch scharf gewürzte Hammelfleischwürste (**merguez**).

Wer die einfache Alltagsküche der Djerbi kennen lernen möchte, muss sich in der Regel in die schlichten Marktgaststätten von Houmt Souk oder Midoun wagen oder gar in eine **gargoterie** – eine Garküche. Stundenlang köcheln dort in großen Blechtöpfen auf oft abenteuerlichen Herden Kichererbsen und altbackenes Brot für das meist schon zum Frühstück konsumierte **blebis** – eine

Suppe zum Frühstück

sämige, sättigende Suppe, gewürzt mit Kreuzkümmel und Zitrone, angereichert zum Schluss durch ein Ei. Seine Schärfe erhält dieses typische Berbergericht durch das **harissa**, eine pikante Paste aus großen roten, oft dunkel geräucherten Peperoni, Knoblauch und Kreuzkümmel. Mit Olivenöl vermischt und auf frisches Weißbrot gestrichen ist Harissa auch eine beliebte Vorspeise. **Mloukia** – eine dicke Sauce aus Gemüse – sowie **mermez** – Lamm in Zwiebeltunke – gehören ebenso zur Hausmannskost wie **banatage** (Fleischkrapfen). In Hara Kebira, dem historischen Viertel der Juden vor den Toren von Houmt Souk, gibt es in manchen Einheimischenkneipen auch einen guten **foul** (Eintopf aus dicken Bohnen) und am Nachmittag frische Brik. Ein Zugeständnis an die europäische Moderne sind die Pommes frites zum Grillhähnchen (**poulet rôti**), aber meist kommen sie als handgeschnit-

ESSEN UND TRINKEN

tene Kuben daher. Für die jüdische Küche steht **bkeila,** Fleisch und Spinat in Sauce.

Wie überall in Tunesien legt man auch auf Djerba viel Wert auf Süßes. Zum Frühstückskaffee, der außer in den großen Hotels, wo man sich mit der amerikanischen Sorte in der Warmhaltekanne begnügen muss, meist in zahlreichen Varianten – vom kleinen Schwarzen bis hin zum Milchglas mit einem Schuss Espresso – angeboten wird, leisten sich viele Inselbewohner ein Stück der zuckrigen

Blütenwässerchen für süßes Gebäck

oder cremigen Patisserien. Auch zum Minztee (**thé naâ-naâ**) lässt man sich das oft auf der Basis von Nüssen, Datteln, Mandeln und Rosen- oder Orangenwasser (**mar ward** bzw. **mar zahr**) hergestellte Kleingebäck munden. Beliebt sind zum Tee auch die von der Insel stammenden Mandeln, die süßer und feiner sind als jene vom Kontinent. Als Dessert werden häufig, wenn es die Saison erlaubt, Granatäpfel, Feigen und Orangen

gereicht. Datteln indes gelten nicht als Nachspeise, sondern als Grundnahrungsmittel, man isst sie zum Frühstück und immer dann, wenn der Hunger nagt. Und im Ramadan, dem traditionellen Fastenmonat, beginnt mit einer Dattel das große Schlemmen nach Sonnenuntergang.

Ein Wort noch zu den Getränken: Als Muslime trinken die meisten Bewohner Djerbas keinen Alkohol. In Midoun zum Beispiel schenkt ein einziges Restaurant Wein und Bier aus. Die Einheimischen halten sich zum Essen an Wasser oder Softdrinks wie Coca Cola oder Limonade, in den Hotels und Touristenlokalen gibt es indes meist tunesischen und französischen Wein sowie in- und ausländischen Gerstensaft (Celtia, 33, Löwenbräu), wahlweise mit oder ohne Alkohol.

Preisklassen

Die Preise gelten für ein Menü mit Vorspeise, Hauptgericht und Dessert, ohne Getränke.
★★★★ Luxusklasse ab 25 tD
★★★ Obere Preisklasse ab 15 tD
★★ Mittlere Preisklasse ab 5 tD
★ Untere Preisklasse bis 5 tD

❗ MERIAN-Tipp

Baccar Seit fast 50 Jahren führt dieselbe Familie das kleine Restaurant an der lauschigen, verkehrsfreien Place Hedi Chaker in Houmt Souk. Viele besser gestellte Einheimische wählen diese Adresse, die sowohl in Sachen Qualität als auch Sauberkeit als vorbildlich gelten kann. Aufmerksam und dezent umsorgen der Inhaber und seine beiden Kellner den Gast; die Karte umfasst nur tunesische Spezialitäten – angefangen bei zahlreichen Couscous- und Fleischeintopfvarianten bis hin zu diversen Brik und den köstlichen »Fatimafingern«. Das preisgünstige Menü schließt neben knackigen Vorspeisensalaten auch ein typisches Dessert mit ein. Bei Urlaubern begehrt sind vor allem die vier Terrassentische. Das Restaurant verfügt über eine Alkohollizenz. 16, Place Hedi Chaker, Tel. 05 65 07 08; tgl. 11.30–15 und 18–22.30 Uhr EURO VISA ★★ ■ c 5, Klappe hinten

ESSDOLMETSCHER

A

agneau: Lamm
agrumes: Zitrusfrüchte
ail: Knoblauch
akad (arab.)*:* Kuttelragout
assiette de crudités: Rohkostteller
artichauts: Artischocken

B

banatage: Fleischklößchen
beurre: Butter
bien cuit: gut durchgebraten
bière pression: Bier vom Fass
bkeila (arab.)*:* Fleisch und Spinat in
   Sauce
blanc de poulet: Hühnerbrust
blebis (arab.)*:* Kichererbseneintopf
bœuf: Rindfleisch
boisson: Getränk
brik (arab.)*:* ausgebackene Teigtasche
brochette: Spieß (mit Fleisch oder
   Fisch)
brut: sehr trocken (Wein, Sekt,
   Champagner)

C

canard: Ente
chèvre: Ziege
chobs (arab.)*:* Weißbrot
chou: Kohl
concombre: Salatgurke
coupe de glace: Eisbecher
couscous (arab.)*:* tunesische Spezialität aus Grieß, Gemüse, Fleisch
   oder Fisch
couvert: Gedeck (im Restaurant)
couteau: Messer
crevettes: Garnelen
croûte: Kruste
crustacés: Meeresfrüchte
cuillière: Löffel
cure dent: Zahnstocher

D

dattes: Datteln
daurade: Goldbrasse
déjeuner: Mittagessen
dinde: Truthahn, Puter
dîner: Abendessen
doux: süß
dur: hart, zäh

E

eau: Wasser
eau gazeuse, eau petillante:
   Mineralwasser mit Kohlensäure
eau plate: Wasser ohne Kohlensäure
écrevisse: Flusskrebs
épaule: Schulter
épinards: Spinat
escargots: Schnecken
escalope: Schnitzel
escalope de saumon: Lachsschnitte
escalope de volaille: Hühnerschnitzel
   (unpaniert)
espardon: Schwertfisch

F

farci: gefüllt
farine: Mehl
felfel (arab.)*:* Pfefferschoten
fenouil: Fenchel
feuilletté: Blätterteigpastete
figues: Feigen
foul (arab.)*:* Bohneneintopf
fourchette: Gabel
fraises: Erdbeeren
framboises: Himbeeren
fromage: Käse
fruits: Früchte, Obst
fruits de mer: Meeresfrüchte
fumé: geräuchert

G

garçon: Kellner
gâteau: Kuchen
gibier: Wild
gigot: Lammhaxe
glace: Eis
goulla (arab.)*:* Fleisch in der Amphore gegart
gras, grasse: fett
grillade: Grillfleisch
grillé: gegrillt

H

habaque (arab.)*:* Basilikum
harissa (arab.)*:* Chilisauce
herbes, herbettes: Kräuter
hommard: Hummer
hors d'œuvre: Vorspeise
huîtres: Muscheln
huile: Öl

ESSDOLMETSCHER

I

indigestion: Magenverstimmung
infusion: Kräutertee

J

jambon: Schinken
jus: Saft (sowohl von Obst als auch von Fleisch)

K

kahmounia (arab.)*:* Lammleber-ragout
kammoun (arab.)*:* Kreuzkümmel

L

laghmi/leghmi (arab.)*:* Palmsaft
lait: Milch
laitue: Kopfsalat
lapin: Kaninchen
lard: Speck
légumes: Gemüse
lentilles: Linsen
lieu jaune: Dorsch
loup de mer: Wolfsbarsch

M

madfouna (arab.)*:* Ragout im Tontopf mit Gemüsen
maadnous (arab.)*:* Petersilie
marka hloua (arab.)*:* Ragout im Ton-topf mit Früchten
menthe: Minze
mermez (arab.)*:* Lamm in Zwiebel-sauce
merguez (arab.)*:* scharfes Hammel-würstchen
miel: Honig
mloukia (arab.)*:* Gemüse in Sauce
moules: (Mies-)Muscheln
moutarde: Senf
mouton: Hammel

N

naâ-naâ (arab.)*:* (Pfeffer-)Minze
nouilles: Nudeln

O

œuf: Ei
oignon: Zwiebel
ojja (arab.)*:* dicke Sauce aus Toma-ten, Peperoni, Knoblauch, Oliven

P

pain: Brot
pâtes: Nudeln
patisserie: Kuchen, Kleingebäck; Konditorei
pêche: Pfirsich
petit déjeuner: Frühstück
petits pois: Erbsen
plat du jour: Tagesgericht
piment: kleine scharfe Würzpaprika
pomme: Apfel
pomme de terre: Kartoffel
poire: Birne
poireaux: Lauch
poisson: Fisch
poivre: Pfeffer
potage: (Gemüse-)Suppe
poulet: Huhn
poulet roti: Brathähnchen
poulpe: Tintenfisch, Krake

R

raisins: Weintrauben
riz: Reis

S

sacha (arab.)*:* zum Wohle (beim Trin-ken)
sahantunisie (arab.)*:* tunesischer Vorspeatenteller
saumon: Lachs
sel: Salz
semoule: Grieß
sucre: Zucker

T

tabel (arab.)*:* Koriander
tarte: (Obst-)Kuchen
thibarine: Dattellikör
thon: Tunfisch
thoum (arab.)*:* Knoblauch

V

veau: Kalb
viande: Fleisch
vin: Wein
vinaigre: Essig

Z

zitoun (arab.)*:* Olive
zit zitoun (arab.)*:* Olivenöl

Sehenswerte Orte
Ruhige Häfen, pulsierende Märkte, stille Dörfer – Djerbas Palette ist breit gefächert. Auch inmitten der Natur wartet so manche Attraktion darauf, entdeckt zu werden.

Wo sich früher die Waren für den Markt stapelten, finden Touristen heute landestypische Unterkunft: umgebaute Fondouks in Houmt Souk (→ S. 29).

Houmt Souk

Der traditionelle Handel gab
Djerbas Metropole ihren Namen. Das »Viertel der Souks« ist Wirtschafts-, Glaubens- und Verwaltungs-Zentrum der Insel.

Houmt Souk

■ C 1, S. 116

40 000 Einwohner
Stadtplan → Klappe hinten

Wer vom Wasser her kommt, ahnt Houmt Souks einstige Bedeutung als »Marktplatz« am ehesten. Trutzig leuchtet das **Fort Ghazi Mustapha** am Saum der türkisblauen Wellen, ein paar hundert Meter weiter östlich öffnet sich die Hafenbucht mit ihren tief ins Land reichenden Becken. Von beiden Küstenpunkten führen breite Straßenadern (Avenue Habib Bourguiba und Avenue Taieb Mehiri) ins Herz der Stadt, dem jedoch die ansonsten für arabische Siedlungen charakteristische Medina fehlt. Denn erst seit Beginn des 18. Jh. entwickelte sich in Houmt Souk städtisches Leben. Zuvor war es in erster Linie Warenumschlagplatz zwischen der Sahara und dem Mittelmeerraum; die einzige geschlossene Siedlung der Insel war die benachbarte jüdische Niederlassung Hara Kebira. Noch heute prägen daher die Souks mit ihren winzigen Ladenräumen und großzügigen Lagerhäusern (Fondouks) den Kern von Houmt Souk. Ein Großteil der Karawansereien verdankt sich den zu Beginn des 19. Jh. zugewanderten Maltesern. Im Erdgeschoss brachten sie ihre Ware – und wie es heißt, auch geschmuggelte Waffen und Munition für Nordafrika – unter; in der ersten Etage richteten sie ihre Wohnstätten ein.

Der **Bazar im Altstadtviertel** ist die Hauptsehenswürdigkeit von Houmt Souk; zu den architektonischen Attraktionen der Stadt – die noch bis Mitte der fünfziger Jahre kaum mehr als ein Dorf war mit weniger Einwohnern als Hara Kebira, heute aber fast

Wer den djerbischen »Großstadt-Alltag« einmal hautnah miterleben möchte, sollte in den Souks übernachten.

ein Drittel der Inselbevölkerung beherbergt – zählen neben dem Fort eine Handvoll Moscheen sowie die **Zaouia Sidi Zitouni**, der ehemalige Sitz einer religiösen Bruderschaft, in dem heute das Volkskundemuseum Djerbas untergebracht ist.

Von diesen wenigen historischen Bauten abgesehen, zeigt Houmt Souk das Bild einer modernen arabischen Kleinstadt mit meist hell getünchten, zwei- bis dreistöckigen Häusern, in deren Untergeschoss Banken, Cafés und andere Betreiber moderner Gewerbe untergebracht sind. Diese pulsierende Neustadt entwickelte sich vor allem am Südende der zentralen, von drei ineinander übergehenden Plätzen ausgebuchteten Avenue Habib Bourguiba. Hier liegen auch Busbahnhof und Sammeltaxiplatz, das Gymnasium und die Geschäftsstelle der Tunis-Air. Strahlenförmig zweigen vom Stadtrand die fünf Hauptverbindungsstraßen ab zum Flughafen, zum Fähren-Ort Ajim, zur Touristenzone an der Nordostküste, zum Römerdamm, ins Inselinnere sowie nach Midoun.

Hotels / andere Unterkünfte

Arisha M M ■ c 5
Ehemaliger Fondouk im Herzen der Altstadt mit begrüntem Innenhof und kleinem, aus einer Thermalquelle gespeistem Wasserbecken. Zimmer meist mit gemeinschaftlichen Sanitäranlagen.
36, rue Ghazi Mustapha; Tel. 05 65 03 84, 22 Zimmer; ganzjährig geöffnet ★

Ben Abbès südlich ■ c 6
Kleine Apartmentanlage am Stadtrand gegenüber dem Gymnasium. Zimmer mit Bad oder Dusche, Kitchenette mit Minimalausstattung. Kein Frühstück.
158, Av. Habib Bourguiba; Tel. 05 65 04 23; 20 Apartments; ganzjährig geöffnet ★

HOUMT SOUK

Dar Faiza
c 2

Alte Kolonialvilla gegenüber dem Bordj El Kebir, inmitten eines schönen Gartens. Kleiner Pool, Restaurant, Sommerpizzeria.
6, rue de la République; Tel. 05 65 00 83, Fax 05 66 17 63; 25 Zimmer; ganzjährig geöffnet ★ ★ EURO VISA

El Machrek
südlich c 6

Modernes Haus in der Nähe des Busbahnhofs und der Vertretung von Tunis-Air mit großen, aber nüchternen Zimmern. Einfache Duschbäder.
Av. Habib Bourguiba; Tel. 05 65 31 55/56, Fax 05 65 31 57; 35 Zimmer; ganzjährig geöffnet ★ ★ VISA

Erriadh M M M
c 5

Wie das Arisha in einer ehemaligen Karawanserei im Zentrum. Die über drei Etagen verteilten Zimmer sind klein und auf traditionelle Weise ausgestattet: mit Kachelsockel-Betten und Vorhangregalen statt Schränken. Gemeinschaftsbalkon zum Innenhof.
10, rue Mohamed-Ferjani; Tel. 05 65 07 55, Fax 05 65 04 87; 29 Zimmer, einige davon mit Klimaanlage; ganzjährig geöffnet ★ ★

Grand Hotel des Thermes
b 5

Die gesamte Infrastruktur dieses integrativen Kurhotels wurde behindertengerecht ausgeführt, von der Bar über das Thermalbad bis hin zum rollstuhlgeeigneten Bus für Inselrundfahrten und Ausflügen zu den Oasen und Bergdörfern.
8, rue Béchir Sfar; Tel. 05 75 77 51, Fax 05 75 77 59; www.maghreb.com/les-thermes; 90 Zimmer ★ ★ ★ ★
AmEx DINERS EURO VISA

Marhala
cd 4

Im größten der alten Fondouks, geleitet vom Touring Club von Tunesien. Zehn Erdgeschoss-Zimmer mit Dusche und Toilette, ansonsten nur mit Waschbecken.
Rue Montcef-Bey; Tel. 05 65 01 46; 38 Zimmer; ganzjährig geöffnet ★

Les Sables d'Or
c 5

Wie das benachbarte Erriadh in einem ehemaligen Fondouk mit zentralem, schön gefliestem Patio untergebracht. Einfachere Ausstattung, kein Frühstück.
Rue Mohamed-Ferjani; Tel. 05 65 04 23; 12 Zimmer; ganzjährig geöffnet ★

Lotos
b 1

Familiär geführtes, traditionelles Haus an der Straße zum Hafen. Garten, Salon, Bar, Restaurant, Terrasse mit Meerblick. Alle Zimmer mit Dusche oder Bad und WC.
18, rue de la République; Tel. 05 65 00 26, Fax 05 65 11 27; 14 Zimmer; ganzjährig geöffnet ★ ★ EURO VISA

Jugendherberge
cd 4
(Auberge de Jeunesse)

Einfachstunterkunft mit spartanischen Schlafsälen und sehr mitgenommenen Sanitäranlagen. Ideale Lage am Rand der Altstadt, unmittelbar neben dem Hotel Touring Club Marhala.
11, rue Montsef Bey; Tel. 05 65 06 19

Spaziergang

Ausgangspunkt ist der kleine Kiosk des Fremdenverkehrsamtes an der Place des Martyrs/Avenue Habib Bourguiba, vor dem auch der Bus aus der Hotelzone hält. Auf der gegenüber liegenden Straßenseite halten Sie sich ein wenig nach links bis zur kleinen **Place Sidi Abdelkader**. An ihrer Seite führt eine Gasse auf die Rue Ghazi Mustapha, die Souk-Straße, in der einige Weber ihre Ateliers unterhalten. Folgen Sie ihr nach links, erreichen Sie die Place Arisha mit der 1848 von den Franzosen errichteten Kirche, in der auch die Mitglieder der Maltesergemeinde ihre Gottesdienste feierten. Sie dient inzwischen als Sporthalle, in einer Nebenkapelle werden jedoch noch regelmäßig christliche Messen abgehalten. Der Eingang liegt in der Rue

HOUMT SOUK

Oben: Ob auf dem Basar des Altstadtviertels oder an den Ständen des libyschen Marktes – Wühlen gehört zu einem gelungenen Einkaufsbummel.

Mitte: Am Hafen stapeln sich Tonkrüge, die zum Fangen von Tintenfischen verwendet werden.

Unten: Schafe, Ziegen, Kühe, manchmal sogar ein Dromedar – auf dem libyschen Markt wird auch lebendige Ware gehandelt.

HOUMT SOUK

Montcef Bey, die direkt auf die Rue Zietni stößt. Werfen Sie von hier einen Blick zurück in die Richtung, aus der Sie soeben gekommen sind: Sie haben dabei zugleich die Kirche und die **Türkenmoschee** mit ihren sieben Kuppeln und dem für die Insel unüblichen runden Turm vor Augen. Sie stammt aus der Osmanenzeit (17. Jh.) und wird heute ausschließlich von malekitischen Moslems benutzt. Montags und donnerstags wird hier ein Straßenmarkt abgehalten.

An der Pizzeria La Fontaine vorbei gelangen Sie zur Einmündung der Avenue Habib Thameur. Folgen Sie ihr einige hundert Meter, vorbei an dem großen Kunstgewerbe- und Teppichgeschäft L'Artisanat Tapis Hadji und dem hinter einem ungepflegten Grundstück liegenden Haddouk-Bazar. Zu seiner Rechten duckt sich das hübsche weiße Ensemble der **Zaouia Sidi Zitouni**, das heute das Volkskundemuseum beherbergt.

Nach dem Besuch des Museums wenden Sie sich zurück bis zum Le Prince Fastfood und folgen dem Verlauf der Avenue Abdelhamed Kadhi stadteinwärts. Rechter Hand liegen das Hotel Les Palmes d'Or und eine Tankstelle, zur Linken säumen die Straße nun Arkadenbauten mit Geschäften und Cafés. Bald sehen Sie dann vor sich das markante, eckige Minarett der **Fremdenmoschee (Djema El Ghorba)** mit seinem kalligrafischen Schmuck am Sockel. Da auch diese gegenüber dem Taxistand und der Zaouia Sidi Brahim gelegene Moschee von Nicht-Muslimen nicht betreten werden darf, wenden Sie sich nach links, vorbei an dem grob verputzten Kuppelbau eines Hammam, zum **Vergnügungspark Bah-Bah.** 🧒👧

Vom Karussell kurz vor dem Ausgang bietet sich nochmals ein schöner Blick auf die Fremdenmoschee. Verlassen Sie das kleine Kinderparadies nun durch das gegenüber liegende Tor zur Rue de 20 Mars, und

gehen Sie dort einige Schritte nach links. Auf der rechten Straßenseite entdecken Sie ein flaches, weiß getünchtes Gebäude mit Tonnendach und Dreiecksgiebel. Es handelt sich um eine ehemalige Weberei. Wenden Sie sich nun zurück auf die Rue de 20 Mars, und folgen Sie ihr bis zur Kreuzung mit der Rue Abdelhamed Kadhi auf die **Place Mohamed Ali**. Von hier sind es nur noch wenige Schritte bis zum Beginn der **Souks** mit ihren verwinkelten Gassen, Ladenbuden, alten Karawansereien. Biegen Sie aber zunächst nach rechts ab zur begrünten **Place Hédi Chaker** mit ihren kleinen Restaurants, Cafés und Geschäften. Ein schmaler Durchgang führt von ihr auf die **Place Mokhtar Ben Attia**, den Hauptplatz der Altstadt. Er wird fast komplett eingenommen von den Tischen und Stühlen des Café Ben Daamach, dem ältesten Café von Houmt Souk. Oder probieren Sie den besten Kaffee der Insel im Café Ben Yeddar nur zehn Meter weiter an der Place Ferhat Hached. Von hier sind Sie mit ein paar Schritten nach links auch rasch auf dem **Marché Central**, wo meist bis kurz vor Mittag das Schauspiel der Fischversteigerung stattfindet. 🔴**6**

Sollte es gerade Montag oder Donnerstag sein, machen Sie unbedingt vor dem Ende des Vormittags noch über die Avenue Habib Bourguiba einen Abstecher in Richtung Hafen. Bevor Sie ihn erreichen, sehen Sie schon auf der linken Straßenseite die ersten Stände des **libyschen Marktes,** auf dem sich die Einheimischen mit allen möglichen Alltagsutensilien eindecken. An seinem Ende wird in einem ummauerten Areal auch Vieh gehandelt: Kühe, Ziegen, Schafe – und manchmal auch ein Dromedar.

Im **Hafen** selbst, der zur Marina ausgebaut werden soll und von dem aus schon jetzt ein Glasbodenboot und die Nachbauten historischer Fregatten zu Ausflugsfahrten 🔴**7** starten, bieten die Tonkrüge, die zum Fangen von Tintenfischen verwendet werden, ein hübsches Fotomotiv. Vom Hafen stadtauswärts, in Richtung Hotelzone, erhebt sich hinter dem im Bau befindlichen Touristenzentrum das mächtige Gemäuer des **Bordj El Kebir** (Ghazi Mustapha). Auf halbem Weg zwischen Hafen und Fort erinnert ein unscheinbarer Obelisk an eines der blutigsten Kapitel in der Geschichte Djerbas: An der gleichen Stelle ließ im 16. Jh. der türkische Pirat Dragut aus den Gebeinen getöteter Spanier einen Turm errichten. **Dauer:** 3–4 Std.

Sehenswertes

Bordj El Kebir/Bordj Ghazi Mustapha
◼ d 1

Am Nordrand der Hauptstadt, direkt am Meer, erhebt sich das Bordj El Kebir. Das auch Fort Ghazi Mustapha genannte mächtige Bauwerk geht zurück auf ein römisches Kastell. Auf dessen Relikten ließ Roger de Loria, der im Auftrag von Sizilien und Aragon die Insel Djerba eroberte und zum Lehen erhalten hatte, 1284 eine kleine Festung errichten. Ihre heutige Gestalt erhielt sie Mitte des 15. Jh. durch den Sultan Abou Farès el Hafsia. Im Jahre 1560, nach einem überraschenden Angriff des türkischen Piraten Dragut mit der osmanischen Flotte, verschanzten sich rund 5000 Spanier in dem Fort. Nach dem Monaten mussten sie kapitulieren, ihre Nahrungsmittel- und Wasservorräte waren aufgebraucht. Dragut ließ jeden Einzelnen köpfen und aus den Schädeln und Knochen einen Turm, den **Borj er Rouss**, errichten. Erst 1848 wurde er auf Anordnung des Bey von Tunis abgetragen; an seiner Stelle steht nun ein Obelisk zum Gedenken. Das Fort wurde in den folgenden sieben Jahren nach der Bluttat unter der Ägide von Ghazi Mustapha erneut ausgebaut. Danach blieb

es still um das Gebäude. Nachdem französische Truppen gut zwei Jahrzehnte hier Quartier hatten, wurde es 1904 unter Denkmalschutz gestellt. Ab 1968 begannen die Restaurierungsarbeiten. Erhalten sind einige Kasematten, die Geschützgalerien sowie das Grab von Ghazi Mustapha. An der Küste am Nordrand von Houmt Souk; Sa–Do 8–12 und 15–19 Uhr, Mitte Sept.–Ende März 9.30–16.30 Uhr

Souks
◼ bc 5

In dem Viertel zwischen Avenue Habib Bourguiba, Avenue Badra, Avenue Abdelhamed Kadhi und Rue Zietni konzentrieren sich die Souks. Sie sind recht verwinkelt, aber klein, so dass sich der Flaneur unweigerlich meist bald wieder auf einem der heute von Cafés und Restaurants gesäumten, früher wahrscheinlich zum Sklavenhandel genutzten offenen Plätze zwischen den Basargassen wiederfindet. Die Rue Bizerte und die Place Mokhtar Ben Attia sowie die Place Hédi Chaker begrenzen das Areal der überdachten Souks. Sie sind nach den verschiedenen Metiers geordnet; auf die großen Boutiquen mit Teppichen, Ledertaschen, Pantoffeln, Wolldecken, Messingtellern, Keramikschüsseln und anderen Souvenirartikeln aus ganz Tunesien folgen die Juweliere (die ebenfalls meist nicht mehr selber produzieren), die Friseure und Weber. Auch Schneider, Schuster und Stoffhändler findet man noch vereinzelt in ihren winzigen Ateliers.

An den Rändern des Bazar-Areals sind noch einige der alten Lagerhäuser (Fondouks) erhalten. Diese zweigeschossigen, um einen geräumigen Innenhof gruppierten Gebäude boten einst im Erdgeschoss Platz für Waren und die Lasttiere der Karawanen, im Obergeschoss konnten die Händler in kleinen Räumen schlafen. Die ältesten dieser Fondouks oder Karawansereien zählen mehr als 300 Jahre;

HOUMT SOUK

einige von ihnen wurden in den vergangenen Jahren in einfache kleine Hotels umgewandelt.

Nördlich der Place Mokhtar Ben Attia liegt der **Marché Central** mit den Ständen der Obst- und Gemüsehändler, Gewürzverkäufer, Fischhändler, Metzger sowie einigen Krämerläden. Auch das Office National de la Pêche hat hier seinen Sitz, und so wundert es nicht, dass jeden Morgen gegen 10 Uhr in einer gekachelten Nische des Marktes kleinere Fische versteigert werden. Sie sind auf einer Schnur aufgereiht und werden vom Auktionator, der auf einem hohen Stuhl auf dem Tresen thront, wortreich ausgerufen.

Museen

Die wenigen Museen auf Djerba öffnen generell von 9 bis 12 und von 14 bis 18 Uhr, montags sind sie meist geschlossen.

Museum für Volkskunde ■ e 3
(Musée des Arts et Traditions)

Untergebracht in einer **zaouia**, einem religiösen Bauwerk des 18. Jh., das ursprünglich die Gräber zweier Heiliger, des Morabit Sidi Zitouni und des Morabit Sidi Ameur, beherbergte, widmet sich das kleine Museum den Traditionen Djerbas. Die sieben Räume der 1968 auf Anregung des djerbischen Kunstprofessors und Malers Bechir Kouneli eröffneten Sammlung umfassen Schmuck, Keramik, Amphoren – zum Teil so groß, dass sie Kleidungsstücke aufnehmen konnten, und reich verziert mit eingeritzten Alltagsszenen –, bemalte Aussteuertruhen und Brautspiegel, Zenotafe, Objekte im Zusammenhang mit dem Beschneidungsfest sowie den Nachbau einer Küche und eines Töpferateliers. Herzstück der Anlage ist der Saal mit Hochzeitstrachten, der erst kürzlich restauriert wurde. In ihm versammelten sich einst die

Pilger, die von weit her kamen, um sich von den beiden frommen Männern heilen zu lassen, zum Gebet. Ebenfalls nicht nur durch seine Exponate, sondern auch durch die herrliche Architektur besticht der Eingangsraum mit seiner Deckenkuppel aus teilweise glasierten, teilweise unglasierten Tonzylindern, die von außen wie ein Schuppen aussehen, und dem Fußboden aus alten glasierten Fliesen in den traditionellen Farben Braun, Gelb, Schwarz und Grün.

Es lohnt sich, die Anlage mit einem Führer anzuschauen, da es kaum Erläuterungstafeln gibt. Bislang wird die Führung allerdings nur in französischer Sprache angeboten.
Av. Abdelhamid-el-Kadhi; Sa–Do 8–12 und 15–19 Uhr, Mitte Sept.–Ende März 9.30–16.30 Uhr; Eintritt 2,10 tD, Fotoerlaubnis 1 tD

❶ MERIAN-Tipp

Béchir Kouniali, der berühmteste Maler Djerbas, hat vor rund einem Vierteljahrhundert sein Galerieatelier in einem weißen Kiosk an der Place Farhat Hached eröffnet. Seine kleinen Grußkarten mit verschiedenen pastellfarbenen Inselmotiven malt der allzeit zu einem Schwatz aufgelegte 63-Jährige zwar inzwischen nicht mehr mit dem Aquarellpinsel, sondern mit Hilfe eines Computerprogrammes, dennoch sind sie ein sehr schönes Souvenir. Wer unbedingt ein Unikat in Öl oder Acryl haben möchte, sollte seinen Blick an den Wänden des Arbeits- und Ausstellungsraumes entlangschweifen lassen. Dort hängen die großformatigen Leinwände mit »klassischen« Werken Kounialis. ■ b 6

HOUMT SOUK

Essen und Trinken

Baccar ■ c 5
→ MERIAN-Tipp S. 23

Blue Moon ■ c 5
Fisch ist die Spezialität des Hauses –
von der Brasse bis zum Tintenfisch.
Selbst die **ojja** ist vornehm mit Krabben angereichert. Hübscher Innenhof.
Place Hédi Chaker; Tel. 05 65 05 59;
tgl. 12–15 und 18.30–22.30 Uhr; ganzjährig
geöffnet ★ ★ EURO VISA

Café Ben Daamach ■ c 5
Ältestes Café der Stadt und der Treffpunkt in der Altstadt bis zum Sonnenuntergang. Guter Tee mit Pinienkernen. Gäste, die dieses Buch dabei
haben und nach dem Chef Monsieur
Mounir fragen, erhalten ein Glas Tee
umsonst!
Place Mokhtar Ben Attia;
tgl. rund um die Uhr

Café Ben Yeddar M M ■ bc 5
Hier beginnen viele Einheimische
ihren Tag – mit dem besten Kaffee
der Stadt. Er wird einige Schritte
weiter geröstet. Auch die Croissants
und das Gebäck sind ausgezeichnet.
Place Farhat Hached; tgl. 6–21 Uhr

Café du Golfe ■ ab 1
Morgens trinken hier die Fischgroß-
händler ihren ersten Kaffee oder Tee,
nachmittags bevölkern die Touristen
nach der Rückkehr vom Schiffsaus-
flug das Lokal.
Im Fischerhafen; tgl. 5 Uhr bis Sonnenuntergang

Café Hadji ■ bc 5
Beliebte Adresse bei den Djerbi, die
auf der großen Schattenterrasse
beim Karten- oder Dominospiel sit-
zen. Frisch gepresster Fruchtsaft,
Snacks.
Place Farhat Hached; tgl. 7 Uhr bis
Sonnenuntergang

Café Pingwin ■ c 5
Umgeben von mehreren Touristen-
restaurants, bestimmt hier der Rhythmus eines der lebendigsten Plätze
von Houmt Souk die Atmosphäre.
Place Hédi Chaker; tgl. 7–20 Uhr

Café Viennoise Mhirsi ■ d 5
Salon de Thé und erste Adresse für
Patisserie – nicht nur »wienerischer«
Art, sondern auch à la française und
nach tunesischen Rezepten. Alle
Leckereien gibt es auch zum Mitneh-
men.
Av. Abdelhamid El-Kadhi/Place Mohamed
Ali; tgl. 7–19 Uhr

El Hana ■ c 5
Schweizerisches als Alternative zu
Couscous und **makroun**: Echte Eid-
genossen betreiben dieses Restaurant mit Spezialitäten wie Rösti
und Käsefondue. Es gibt aber auch
einige tunesische Gerichte.
Am Ausgang des Gewürzmarktes; Tel.
05 65 05 68; tgl. 12–15 und 18.30–22.30
Uhr; ganzjährig geöffnet ★ ★ EURO VISA

La Colombe Blanche M ■ b 3
Das etwas außerhalb des Zentrums,
gegenüber dem Collège du 7 Novembre gelegene Restaurant steht unter
der Aufsicht des Großen Rabbinats,
ist also koscher und bietet sowohl
tunesische Küche wie jüdische Spezialitäten.
Rue Ibn-Khaldoum; Tel. 05 62 28 08;
So–Do 12–15 und 18.30–22, Fr 12–15,
Sa 18.30–22 Uhr ★ ★

La Princesse de Haroun ■ ab 1
Eine große Barke als Markenzeichen
vor der Türe, hat sich die »Prinzessin«
auf Fisch und Meeresfrüchte spezialisiert. Abends gibt es zum kulina-
rischen Genuss – alternativ zum
Blick auf den Hafen – auch Bauch-
tanzvorführungen.
Am Hafen; Tel. 05 65 04 88; Di–So 12–15
und 19–22.30 Uhr, ganzjährig geöffnet
★ ★ ★ EURO VISA

HOUMT SOUK

Les Palmiers
Kleines Restaurant mit einfacher, authentischer tunesischer Küche. Große Auswahl an Vorspeisen sowie Grill- und Saucengerichten, aber kein Alkoholausschank.
Rue Mohamed-Ferjani; tgl. 12–15 und 18–21 Uhr ★

Wer wie die Einheimischen essen möchte, muss sich in die »Restaurants Populaires« in den kleinen Straßen rund um den Souk und im Souk selbst wagen, etwa ins Restaurant Tunisienne bei den Fischversteigerern.

Einkaufen

Aries ▪ c 5
Kleider und Blusen aus teilweise noch von Hand bemalten bzw. bedruckten Stoffen.
Rue 9 Avril, unweit der Place Hédi Chaker

Atmart M M ▪ de 4
Schöne Kunstdrucke und Originalaquarelle mit Djerbamotiven.
177, Av. Abdelhamid El-Khadi

Au Fil d'Or
Traditionelle Weberei (seit 1937), spezialisiert auf Auftragsarbeiten.
8, rue Ghazi Mustapha

Bijouterie Abelhafidh Ben Tidaret
Wer ein Schmuck-Souvenir sucht, kann sich hier seinen Namen als arabischen Schriftzug in Gold oder Silber anfertigen und an ein Halskettchen montieren lassen.
6, rue Ghazi Mustapha

Ben Ghorbal Sadok M M M ▪ c 5
Kunsthandwerk, Antiquitäten, Teppiche, malerisch arrangiert in einem alten Fondouk. Auch alte Djerbi-Töpferware (in grün/gelb) und naive Arbeiten des tunesischen Künstlers Othman Khadroui.
14, rue Bizerte

Echoruok
Traditionelles Weberatelier, verarbeitet wird hauptsächlich Kunstseide.
11, rue Ghazi Mustapha

Fethi Melliti ▪ c 5
Kleine Weberei, spezialisiert auf traditionelle Stoffe in schillernden Farben.
12, place Auouled Hafoz (neben Hotel Arisha und Café Riadh)

Galerie de Chica ▪ c 4
Große Auswahl an Wasserpfeifen; der Laden führt aber auch Lederwaren und andere Souvenirartikel.
Rue Moncef Bay, am Seiteneingang der Kirche

Farhar Nouredine M M ▪ b 2
Arabische Gewürze aller Art, hausgemachte Harissa, Djerba-Feigen und -Mandeln, Weihrauch für die Chicha-Pfeife, Schönheitsmittel wie Henna, Haselnussrinde für weiße Zähne, Galles-Nüsse für Tätowierungen, Razul zum Haarewaschen.
Marché Central, Box Nr. 42

La Maison de l'Artisanat Tunisien (ONAT) ▪ b 4
Staatliche Verkaufsausstellung mit kunsthandwerklichen Erzeugnissen Tunesiens. Hier kann man sich auch über Teppichpreise und -qualitäten informieren.
Av. Habib Bourguiba, Mo–Sa 8.30–12 und 16–19 Uhr

Librairie Sabeur ▪ b 4-5
Tageszeitungen, Wochenschriften und Illustrierte in französischer, deutscher und italienischer Sprache sowie andere europäische Presseerzeugnisse.
Av. Habib Bourguiba

Monsieur Turki M M M ▪ b 2
Blüten- und Pflanzenwässer sind schon seit drei Generationen die Spezialität der Familie Turki – die

Palette reicht von Rosenessenzen über Orange bis hin zu Geranie.
Marché Central, weißer Kiosk am Durchgang zum Gemüsemarkt

Paradis des Fleurs   ■ de 5
Kleine Gärtnerei mit hübschem weißem Verkaufskiosk; dort gibt es u. a. Fächerpalmen.
Rue 20 Mars, neben dem Freizeitpark Bah-Bah

Am Abend

Ein Nachtleben im europäischen Sinne gibt es in Houmt Souk nicht. Einige Diskotheken und das Spielcasino liegen in der Hotelzone (→ Sidi Mahrès und La Séguia, S. 50), dort werden auch Folkloreshows angeboten (z. B. im Oasis-Center). In der Metropole sitzt man bis zum Sonnenuntergang in den Cafés, danach begibt sich die Stadt zur Ruhe.

❗ MERIAN-Tipp

Alter Handwerkerhof Schräg gegenüber vom Hotel Marhala am Rande der Altstadt liegt ein alter, etwas heruntergekommen wirkender Fondouk. Trauen Sie sich aber ruhig hinein in den Innenhof, und folgen Sie dem rhythmischen Klacken, das ihn erfüllt. Es ist die Melodie der Webstühle, die hier noch von einigen Männern bedient werden. Steigen Sie über die Treppe hinauf ins Obergeschoss, und schlendern Sie auf der Galerie von Atelier zu Atelier. Ihr Lächeln wird freundlich erwidert, stolz das entstehende Tuch vorgeführt. Zum Angebot gehören u. a. schöne, naturweiße Wolldecken und Kapuzenmäntel.   ■ ab 1

Service

Auskunft
Centre d'Information Touristique
Route des Hotels; Tel. 05 68 04 45

Commissariat Regional du Tourisme (Regionales Amt für Tourismus)
                                        ■ e 1
Route de Sidi Mahrès; Tel. 05 65 05 44 und 05 65 00 16; Mo–Do 8.30–13 und 15–17.45, Fr/Sa 8.30–13 Uhr

Fremdenverkehrsamt   ■ b 5
Place de Martyres, neben der Post an der Av. Habib Bourguiba; Tel. 05 65 09 15; Mo–Do 9–13 und 15–18.15, Fr/Sa 9–13 Uhr – doch die Öffnungszeiten werden nicht immer so genau genommen.

Busbahnhof   südlich ■ c 6
Av. Habib Bourguiba/Rue Sidi Bou Okazine

Flughafen
4140 Melitta; Tel. 05 65 02 33

Hafen
Tel. 05 65 01 35

Medizinische Vorsorgung
Krankenhaus von Houmt Souk, Av. Habib Bourguiba, Tel. 05 65 00 18; Clinique Echifa, Tel. 05 65 04 41; Clinique Yasemine, Tel. 05 65 20 54; Dialysezentrum Tel. 05 65 02 69

Notruf
Polizei Tel. 0 56 50 15
Notruf Tel. 05 65 01 97, 05 65 72 80

Parken
Offizielle Parkplätze an der Rue de 20 Mars/Place Mohammed Ali; Ticket halber Tag 400, ganzer Tag 600 Millimes

Sammeltaxi (Louages)   ■ c 6
Zentraler Abfahrtsplatz direkt vor dem Busbahnhof sowie vor der Tunis-Air-Vertretung an der Avenue Habib Bourguiba

Taxi ■ b 5 und d 5

Zentraler Taxihalteplatz an der Av. Habib Bourguiba in der Nähe der Post sowie an der Av. El-Khadi auf der Höhe der Fremdenmoschee

Internet

Cyber Espace Djerba ■ bc 5

135 Rue Grand Maghreb (gegenüber dem Café Hadji); Tel. 62 26 05, Fax 62 28 87; E-Mail: djerba.ce@planet.tn; Eingang links neben der Banque de Tunesie in den Innenhof, wo Tunisan Travel Club ausgeschildert ist, dann die Treppe links hoch. Tipp: auf der arabischen Tastatur muss man für @ Alt Gr und o drücken.

Ziele in der Umgebung

Bordj Djillidj ■ B 1, S. 116

Im Jahre 1745 ließ Ali Pascha an der felsigen Nordwestspitze Djerbas ein kleines Fort errichten. Aus seinen Mauern erhebt sich nun schon seit geraumer Zeit ein Leuchtturm. Hinter dem Festungsgebäude, das man entweder über die am Flughafen vorbeiführende Straße oder bei Trockenheit vom Hafen von Houmt Souk aus auf einer 11 km langen Piste erreicht, öffnen sich mehrere kleine Felsbuchten. Hier wird noch die für Djerba typische Langleinenfischerei betrieben. Lässt man den Blick meerwärts schweifen, entdeckt man die dafür benötigten **zriba**, d. h. Spaliere aus Palmzweigen und -stämmen, die in die Vertiefung einer Sandbank gelegt werden. Die Palmsperre hält die Fische zurück. Die Flut spült sie dann in eine **drina**, eine Reuse. Zwischen den Betonhütten der Fischer liegen auf der Landnase auch die Tonkrüge für den Fang von Tintenfischen.

Vom Bordj Djillidj führt eine Piste längs der Küste zum Fährhafen **Ajim** (→ S. 55); sie ist jedoch nur befahrbar, wenn lange kein Regen gefallen ist.

Cedriane ■ D 1, S. 117

Zwischen Midoun und Hara Kebira liegt dieser kleine Ort mitten im Obstgartengebiet der Insel. Außer dem Alltag der Einheimischen gibt es hier keinerlei Attraktionen.

El-May ■ C 2, S. 116

Etwa 3 km südlich von Erriadh in der Inselmitte gelegen, markierte El-May einst die Trennungslinie zwischen den beiden ibaditischen Berbergemeinden Djerbas, den Wahabiten und den Moukkariten. Im Zentrum des in Djerbas Traditionsfarben Weiß und Blau gehaltenen Ortes, unmittelbar gegenüber der Tankstelle, steht eines der schönsten Beispiele für eine klassische wahabitische Moschee auf Djerba. Das von einer Mauer umschlossene, gedrungene und fast wie eine Festung wirkende Bauwerk, an dem sich noch Spuren von Schießscharten entdecken lassen, ist nur von außen zu besichtigen.

Folgt man der Hauptstraße, die auch hier wie in den meisten Orten der Insel den Namen Avenue du 7 Novembre trägt, stadtauswärts gen Norden, entdeckt man bald eine Ölmühle mit ihrem unverwechselbaren lang gestreckten und an einer Seite überkuppelten Kernbau. An der Moschee zweigt eine Piste ab, die nach etwa 5 km auf die Verbindungsstraße zwischen Erriadh und Guellala trifft. In El-May wird parallel zum Samstagsmarkt etwas außerhalb des Ortes frühmorgens ein großer **Viehmarkt** abgehalten, zu dem Händler auch vom Festland anreisen.

Um El-May findet man ausgedehnte Olivenhaine und die schönsten **menzel**, die weitgehend auch noch bewohnt sind. Viele Einheimische hier, vor allem die Frauen, sind noch immer sehr scheu gegenüber Fremden; sie wollen nicht gern angespro-

HOUMT SOUK – EL-MAY

Oben: Ein Snack für zwischendurch wird hungrigen Spaziergängern in Houmt Souk an jeder Ecke offeriert.

Mitte: Überaus sehenswert sind die kunstvollen Fayencen, Holzarbeiten und Silberverzierungen im Inneren der Synagoge von Erriadh (→ S. 40).

Unten: Kein Zutritt für Nichtmoslems – doch die malerische Moschee von El May ist auch von außen einen Blick wert.

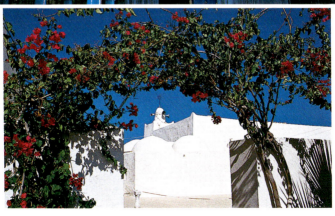

HOUMT SOUK

chen und schon gar nicht fotografiert werden, obwohl ihre Traditionsgewänder ein faszinierendes Motiv bieten würden.

Service

Taxi
Tel. 05 67 60 60
Taxiphone neben der Reinigung Belhada (Pressing) an der Av. du 7 Novembre. Nebenan gibt es auch ein Café und einen Bäcker (El Jebali). Ein weiteres Café liegt schräg gegenüber, an der Ecke zur Moschee.

Erriadh
■ C 1, S. 116

Gegründet von jüdischen Flüchtlingen, hieß diese Siedlung ursprünglich Hara Seguira (kleines Ghetto). Sie ist älter als die zweite jüdische Niederlassung auf Djerba, Hara Kebira (großes Ghetto), die mittlerweile mit Houmt Souk verwachsen ist, und war angeblich nur von Thoragelehrten bewohnt. Von der einstigen Bedeutung Hara Seguiras und seiner besonderen Architektur lässt das heutige Erriadh, in dem noch immer rund 300 jüdische Familien leben, kaum etwas ahnen. Die verbliebenen rund zehn privaten Synagogen sind nicht öffentlich zugänglich, und um den Hauptplatz des Ortes findet man lediglich einen Krämerladen, einen Gemüsehändler, einen Schneider und ein Haushaltswarengeschäft sowie ein Café. Vom Anblick her unterscheidet sich der Ort also nicht von seinen rein arabischen Nachbarn.
In einer Seitengasse versteckt sich allerdings seit kurzem hinter gelben Mauern ein exzellentes Hotel mit tunesischem Spezialitätenrestaurant (→ MERIAN-Tipp S. 16).
Die Hauptattraktion von Erriadh liegt am Ortsrand: die **Synagoge La Ghriba** (»die Fremde« bzw. »die Wundertätige«). Jedes Jahr am

33. Tag nach dem jüdischen Osterfest ist sie Ziel einer großen Wallfahrt, die in dem zweitägigen Laghba-Omer-Fest (→ MERIAN-Tipp unten) mündet. Das Gebäude in seiner heutigen Form datiert aus dem Jahre 1920, birgt aber eine der ältesten Thorarollen der Welt. Den Vorgängerbau sollen bereits die ersten jüdischen Flüchtlinge errichtet haben. Und ein Baustein (an der Ostwand), so heißt es, stammt aus dem 586 v. Chr. von Nebukadnezar zerstörten Tempel in Jerusalem. Das Innere der Synagoge kann ohne Schuhe, in geziemender Kleidung und mit bedecktem Haupt (Tücher werden verliehen) betreten werden. Es ist reich mit farbigen Fliesen und türkis-blauen Säulenbögen dekoriert. Zu sehen sind außerdem Fayencen und kunstvoll gearbeitete Ritualgegenstände; die Ostwand im hinteren der beiden Säle ist übersät mit Votivtäfelchen. An der Stelle, an der die Synagoge errichtet wurde, soll der Legende nach eine Heilige bei einem Gewitter in ihrem Zelt verbrannt sein, doch ihr Körper blieb dabei unversehrt. Eine andere

❗ MERIAN-Tipp

Gäste auch anderer Glaubensrichtungen sind herzlich willkommen beim jüdischen **Laghba-Omer-Fest** in Erriadh. Traditionelle Musik und Tänze umrahmen den Pilgerzug zwischen dem Ort und der Synagoge. Zum Programm des jährlich Ende April, Anfang Mai (am 33. Tag nach dem jüdischen Osterfest) gefeierten Wallfahrtabschlusses gehören auch die Versteigerung von Blumen und Bildern sowie einige archaische Riten wie das Versenken beschrifteter Eier in einer Grotte.
■ C 1, S. 116

EL-MAY – MELITTA

Variante lautet, dass einst ein Meteorit hier einschlug (So–Do 8–18, Fr 8–12 Uhr; Eintritt 1 tD).

Neben der Synagoge steht eine Pilgerherberge, in der noch einige ältere Rabbiner wohnen. Sie halten Gottesdienste ab und kümmern sich um den Erhalt der Synagoge. Im Ort Erriadh ist einer der jungen Künstler Djerbas beheimatet, Mohamed V. Desrati. Von ihm stammen die Nischenmalereien in dem neuen Museum in Guellala (→ S. 62). Er hat allerdings kein Verkaufsatelier. Am besten fragt man in einem der Läden oder im Café am Hauptplatz nach Desrati.

Hotels/andere Unterkünfte

Dar Dhiafa
→ MERIAN-Tipp S. 16

Essen und Trinken

Café Gaidour Erriadh
An Markttagen ist die Terrasse der ideale Platz, um das bunte Treiben der Händler zu betrachten.

Dar Dhiafa
→ MERIAN-Tipp S. 16

Guachen   ■ C 1, S. 116

Da sie über einer Süßwasser führenden Bodenschicht angelegt sind, zählen die Gärten von Guachen zu den üppigsten der Insel. Zahlreiche Feigenbäume wachsen hier. Doch trotz der Fruchtbarkeit dieser Region liegen viele der typischen Berbergehöfte inzwischen verlassen.

Ile des Flamants 👥
■ D 1, S. 117

Etwa 5 km nordöstlich vor Houmt Souk reckt sich ein schmales, langes Kap ins Meer, das Ras R'mel. Da es bei Flut seine Verbindung zur

Ein beliebtes Ausflugsziel ist die Ile des Flamants (Flamingo-Insel), die von herrlich nostalgischen Schiffen angesteuert wird.

Küste verliert und während der Wintermonate ein beliebter Aufenthaltsort von Flamingos ist, trägt es den Namen Ile des Flamants, Flamingo-Insel. Bei Ebbe kann man von den ersten Hotels der Zone Touristique auf die »Insel« spazieren (einfache Strecke rund 5 km); vom Hafen von Houmt Souk werden regelmäßig Schiffsfahrten zu dem Kap angeboten (→ S. 78).

Melitta   ■ B 1, S. 116

Auf dem Weg vom oder zum Flughafen passiert man die unscheinbare, aus mehreren **houch** (Einzelgehöftgen) gewachsene Ortschaft Melitta, einst Zentrum der Wollweberei auf Djerba. Die Große Moschee, **Jemaa el Kebir**, liegt etwas außerhalb des Ortes. Das massive, im Herzen eines großen Hofareals mit Zisterne errichtete Gebäude mit schlichtem Minarett stammt aus dem 10. Jh.

Midoun

Umgeben von Obstgärten und Dattelhainen, hat sich der ehemalige Marktort von Sklavennachkommen zu einem touristischen Zentrum nahe der Hotelzone entwickelt.

Midoun

■ D 1, S. 117

15 000 Einwohner

Zwei große Kreuzungen und ein halbes Dutzend asphaltierter Straßen – mehr hat die zweitgrößte Ansiedlung Djerbas an städtischer Atmosphäre nicht zu bieten. Sie profitiert allerdings kräftig von der Nähe zu den beiden Strandzonen **Sidi Mahrès** und **La Séguia**, an denen sich das Hotelangebot der Insel konzentriert. Zahlreiche Cafés und Restaurants öffneten in den letzten Jahren ihre Tore, der Stadtkern wurde kräftig restauriert.

Hauptsehenswürdigkeit Midouns ist der inzwischen von Souvenirläden **[1]** gesäumte **Marktplatz** und die ihn umgebenden Gassen, in denen ebenfalls allerlei Kunsthandwerkliches aus ganz Tunesien feilgeboten wird. Am Freitag, wenn die Avenue Ali Belhouane bis fast zum Ortsausgang von den Ständen der Straßenhändler gesäumt ist, bringen die Taxifahrer besonders viele Urlauber nach Midoun. Auch dienstagnachmittags beschleunigt sich der sonst sehr gemächliche Rhythmus des Ortes kräftig: Dann strömt das Volk zum **Amphitheater** an der Place de la République/Place de l'Indépendance, um der »Mariage Berber«, der Nachstellung einer Berberhochzeit, beizuwohnen. Im Rahmen dieses bunten Schauspiels tritt auch eine Gruppe dunkelhäutiger Musiker mit Trommeln, Flöte und Dudelsack auf. Sie gehören zu der in Midoun noch existierenden Gemeinde von Gougou, das sind Nachkommen schwarzer Sklaven, die einst mit den Karawanen aus dem Sudan auf die Insel gebracht worden waren. Mitte des 19. Jh. durften sie ihren ersten Markt

Kunsthandwerk aus ganz Tunesien, mit einem Lächeln präsentiert: Souvenirjäger haben in den Gassen von Midoun die Qual der Wahl.

abhalten – das war die Geburtsstunde des heutigen Midoun.

Auch bei echten Hochzeiten spielen die dunkelhäutigen Tabbalan-Musiker noch auf – und mit ein wenig Glück trifft man in den Straßen Midouns nach wie vor auf einen authentischen Berber-Brautzug mit festlich gekleideten Angehörigen und dem prachtvoll herausgeputzten Dromedar, das einen leichten Baldachin aus Stoffen und Seidenbändern trägt und den Brautraub symbolisiert. Nur die Braut ist meist schon ganz europäisch in weiße Spitze gekleidet und fährt mit ihrem Gatten in der Kalesche durch das Städtchen.

Dieser Dualität von Moderne und Vergangenheit begegnet man auch auf dem Gelände des neuen Technischen Lyzeums kurz vor dem Ortseingang aus Richtung Erriadh. Unweit dieser erst jüngst eröffneten Bildungsanstalt, an der bislang rund 400 Schüler eingeschrieben sind, befinden sich zahlreiche unterirdische Gänge. Viele Mutmaßungen ranken sich um diese Stätte, manche Djerbi glauben sogar, es handle sich um die Reste einer römischen Stadt. Die Legende erzählt, ein Schatz sei hier vergraben und der Schlüssel dazu sei in einer Trommel versteckt. Wenn der Wind geht, höre man die Trommel erklingen …

Hotels/andere Unterkünfte

Djerba Midoun

Einziges Haus am Ort, zentral gelegen und familiär geführt. Die Zimmer und Bäder sind klein und modern im arabischen Sinne ausgestattet mit Dusche oder Bad, Satelliten-TV, Klimaanlage und Telefon. Fast alle haben einen Balkon oder eine Terrasse. Schöner Innenhof im maurischen Stil.

Rue 13 Aout; Tel. 05 60 00 06 oder 05 60 01 40, Fax 05 60 00 93; 36 Zimmer ★★★ VISA

MIDOUN

Résidence Jinène
Kleine, relativ neue Villenanlage
etwa 400 m vom Strand von Aghir
entfernt. Häuser mit 6 Betten,
Küchen und Salon sowie Studios.
Solarenergie.
Tel. 05 65 80 74 und 05 65 80 75,
Fax 05 65 73 89; 12 Villen, 12 Studios ★

Spaziergang

Als Ausgangspunkt für den kleinen
Rundgang ist die **Place de la Répu-
blique/Place de l'Indépendance** am
besten geeignet, an der auch der
Taxihalteplatz liegt, die Post, ein beliebtes Café und das Fremdenverkehrsamt. In südlicher Richtung folgen Sie von hier der **Avenue Habib
Bourguiba**, an der sich nach wenigen
Schritten auf der linken Seite die
Moschee erhebt. Geradeaus weiter
sehen Sie nun schon auf derselben
Straßenseite einen unbefestigten,
von Olivenbäumen bestandenen
Platz, an dem die Kutschfahrer rasten
und an Markttagen Ziegen oder
Schafe gehandelt werden. Biegen Sie
nun nach links in die Straße ein und
an der nächsten Ecke, nach dem etwas zurückgesetzt liegenden Rathaus, wieder nach links. Sie befinden
sich nun hinter der Moschee auf
einer Piste, die in eine kleine Gasse
mündet. Auf ihrer rechten Seite können Sie die Stube eines öffentlichen
Schreibers entdecken. Das Gässchen
mündet auf den schattigen Platz vor
der Post. Wenden Sie sich nun zu
nächst wieder nach links, überque-
ren Sie die Place de la République/
Place de l'Indépendance, und folgen
Sie der **Rue Ali Belhouane** mit ihren
schlichten weißen Arkadenhäusern
zur Rechten. Die erste Möglichkeit
nach rechts führt Sie über die **Rue
Amilcar**, vorbei an dem Café El Bous-
ten am Rande eines Plätzchens mit
zwei Bänken, von dem eine Gasse
mit zahlreichen Werkstätten abzweigt,
auf die **Avenue Salah Ben Youssef**.

Kurz vor der Einmündung liegt eine
kleine Ladengalerie mit Papier- und
Kurzwarengeschäft; dahinter der
Hammam und das Café de l'Ile.
Nach 100 m mündet die Avenue
Salah Ben Youssef auf die **Place
Meninx**. In dem unbefestigten Areal
an ihrem Kopfende, auf dem all-
wöchentlich der **Gemüsemarkt** statt-
findet, liegt eine traditionelle unter-
irdische **Ölmühle**. Die Mühlsteine wer-
den von Eseln oder Dromedaren be-
wegt. Im Verkehrsverein erfahren Sie,
wann eine Besichtigung möglich ist.
Halten Sie sich nun wieder nach
Süden, und flanieren Sie parallel zur
Avenue Habib Bourguiba durch die
offenen Gassen des geschäftigen
Souk, in dem man sich immer wieder
diverser, eindringlich vorgebrachter
Kaufofferten erwehren muss, bis zur
Rue du 7 Novembre. Hier wenden
Sie sich nach links. Sie befinden sich
nun wieder auf dem schattigen Platz
vor dem Fremdenverkehrsamt. Bevor
Sie sich auf der Terrasse des Cafés
niederlassen, sollten Sie noch einen
Blick in das winzige »**Museum**« neben
dem Fremdenverkehrsamt werfen.
Die drei liebevoll von einer Einheimischen eingerichteten Räume erzählen vom traditionellen Familienalltag
auf Djerba: mit Handwerksgeräten,
Kleidungs- und Einrichtungsstücken
sowie Fotografien. Auch einige der
farbenfrohen, für Midoun ursprünglich typischen Web-Kelims zählen zu
den Exponaten (Eintritt 1 tD).
Dauer: ca. 1 Std.

Sehenswertes

Die nachgestellte **Berberhochzeit** 👫
im Amphitheater gerät zwar mitunter
durch den Conferencier zu einer etwas peinlichen Angelegenheit, ver-
mittelt insgesamt aber einen leben-
digen Eindruck von traditionellen
Riten, Tänzen, Musikdarbietungen
und Gesängen Djerbas. Besonders
eindrucksvoll sind der youyou, der

MIDOUN

Oben: Die Krugtänze gehören zu den spektakulärsten – und fotogensten – Darbietungen der nachgestellten Berberhochzeit, die jeden Dienstag zahlreiche Zuschauer nach Midoun lockt.

Mitte: Freitags ist auf der Hauptstraße von Midoun Trubel angesagt. Beim wöchentlichen Markt können sich die Bewohner – und die Touristen – mit allem eindecken, was man zum Leben so braucht, vom Kochtopf ...

Unten: ... bis zum erntefrischen Gemüse. Schließlich liegt der Ort inmitten der fruchtbarsten Region Djerbas.

MIDOUN

Schrei der Frauen, die Danse de la Moussadina von einer Furcht erregenden Maskengestalt und die Krugtänze. Bei Letzteren bewegen sich zunächst einige Tänzerinnen grazil mit einem Tonkrug auf dem Kopf zu den Klängen von Trommeln, Flöte und Dudelsack, während danach eine fast akrobatische Darbietung eines männlichen Tänzers folgt, der Amphore um Amphore auf seinem Haupt stapelt, bis er unter einem Turm von fast 70 kg Gewicht über die Bühne schwankt.

Am Ende des Spektakels ziehen die Zuschauer mit dem Hochzeitszug und der **jahra**, begleitet von den Tabbalah-Musikanten in ihren Faltenröcken und Westen, stadtauswärts, wo unter Palmen noch eine **fantasia**, eine Reitervorführung, stattfindet (→ Bild S. 4/5; Berberhochzeit jeweils Di 15 bis ca. 17 Uhr; Eintritt 2 tD).

Essen und Trinken

Café à l'Arbre
Der mächtige Baum am Eingang zum Souk überschattet die große Terrasse, auf der Einheimische wie Fremde gern das lebhafte Alltagstreiben beobachten.
Am Eingang zum Souk, kurz hinter der Place de la République; tgl. 7 Uhr bis Sonnenuntergang

Café La Arcade
Unter Sonnensegeln inmitten der unbefestigten Nebenstraßen der Souks rasten hier Fremde gleichermaßen wie Einheimische.
Rue Mohamed Badra; tgl. 7 Uhr bis Sonnenuntergang

Café de l'Espoir 👫
Dank der zugehörigen Patisserie und Gelaterie ist das Lokal ein Paradies für Eisliebhaber und Kuchenfans.
Av. Salah Ben Youssef; tgl. 7–21 Uhr

Café Rossignol
Von der Straßenterrasse hat man schon am frühen Morgen den gesamten Verkehrsfluss nach und aus Midoun im Blick – und Sonnenschein in der Kaffeetasse.
Place Meninx; tgl. 6.30–21 Uhr

Kalif
Einziges Lokal mit Alkohollizenz im gesamten Ort, entsprechend meist von Touristen frequentiert und recht teuer. Spezialität: Langusten, aber auch andere Fischgerichte und Couscous.
Complexe Commercial Hadji; Tel. 05 65 78 60; tgl. 12–15 und 18–22.30 Uhr ★ ★ ★ VISA

La Main de Fatma 👫
Breite Stufen führen hinauf zur »Hand der Fatima«, die tunesische und italienische Gerichte auf den Teller häuft. Von den Balkontischen hat man an Markttagen das ganze bunte Treiben der Händler im Blick.
Av. Ali Belhouane; Tel. 05 60 23 99; tgl. 12–15 und 18.30–22 Uhr ★

Orient
Eher Garküche als Restaurant, sehr beliebt bei den Einheimischen, die hier auch ihr Essen zum Mitnehmen holen. Von der langen Liste der überaus preisgünstigen Gerichte auf der Tafel gibt es jeden Tag abwechselnd maximal zwei. An den wackeligen Tischen der winzigen Straßenterrasse sitzen Greise, Schüler, Polizisten – und mitunter auch mutige Fremde.
Place de la Republique; Tel. 05 65 31 31; nur mittags geöffnet ★

Sidi Bou Said M M
Hübsch inmitten der Souks gelegen, im Obergeschoss eines traditionellen Hauses. Schöne blauweiß dekorierte Dachterrasse. Gute, einfache Landeskost wie **ojja** und **Couscous**.
Am großen Platz im Souk; Tel. 05 60 14 76; tgl. 12–15 und 19–22 Uhr ★ ★

Einkaufen

Daly Taoufik
Kurzwaren, Parfüm sowie Tätowierungen mit Hargus (schwarz) und Henna (rot) in einem winzigen Thekenlädchen, dazu eine Fülle von Geschichten und Legenden über die Insel. Die Dependance ein paar Häuser weiter führt auch Schuhe, Handtaschen und andere Lederwaren.
Av. Ali Belhouane

La Forge
Handgeschmiedete Tische, Stühle, Sofa- und Bettgestelle aus filigranem schwarzem Eisen, das zu dekorativen Ornamenten gebogen wird. Die Sachen werden auch verschickt!
An der Straße zum Leuchtturm
La Touguerness

Les Délices de Jerba M M M
Die beste Patisserie des Ortes, wenn nicht gar der ganzen Insel, wie viele Djerbi behaupten. Wer sich oder seinen Gastgebern eine Freude machen will, kauft das wunderbare Kleingebäck von Ben Omrane: aus Mandelteig, mit Dattelfüllung, parfümiert mit Rosenwasser etc. Man kann es auch bei einem Kaffee oder Tee gleich vor Ort probieren.
Av. Ali Belhouane

Maison de l'Artisanat Tunisien
Staatliches Kunsthandwerksgeschäft mit einer kleinen Auswahl an geknüpften und gewebten Teppichen und anderen tunesischen Artikeln zu Festpreisen.
Gegenüber der Post nahe der Place de la République

Mohamed Boughzou M M M
Schöne, unglasierte Tonschalen, Gewürze, Schnitzereien aus Olivenholz und manchmal noch die aus Palmstroh geflochtenen Deckel für die Couscousschale – in dem kleinen Laden verbergen sich viele Schätze, die man in den Soukboutiquen vergeblich sucht. Und Monsieur Boughzou versteht sie charmant anzupreisen, ohne aufdringlich zu sein.
Rue Mohamed Badra

Rachide Thellili
Alles, was ein arabischer Haushalt braucht, auf ungefähr 6 qm.
Rue Ben Aissa

Service

Auskunft
Touristeninformation
Place de la République, 4116 Midoun; Tel. 05 65 81 16 und 05 65 90 58; Öffnungszeiten unregelmäßig; keine Stadtpläne

---

🛈 MERIAN-Tipp

Urlaub auf dem Bauernhof Wer einmal eine Nacht bei einer Berberfamilie in einem traditionellen Menzel verbringen möchte und die typischen Arbeiten der Bauern, vom Weben bis zur Olivenernte, teilen möchte, kann sich im Fremdenverkehrsamt von Midoun an Beji Mhenni wenden. Er stammt selbst aus einer alten Berberfamilie und hat entsprechende Kontakte zu Einheimischen, die zum Teil nicht nur Französisch, sondern auch ein wenig Deutsch sprechen. Abends trifft man Monsieur Mhenni häufig auch in der Hotelzone; dort tritt er in verschiedenen Häusern als Fakir Omran auf.
■ D 1, S. 117

MIDOUN

Buslinien
Nr. 13 (von Houmt Souk), 10 und 11 zur/von der Hotelzone

Notruf
Polizei Tel. 0 56 50 15
Notarzt Tel. 05 65 01 97 und 05 65 72 80

Sammeltaxi
Louage-Station an der Av. Habib Bourguiba stadtauswärts Richtung El Kantara, gegenüber dem Kaleschenhalteplatz

Taxi
Place de la République; Tel. 05 65 72 55 und 05 65 90 63; Taxiruf »Hallo Taxi« Tel. 05 67 60 60

❗ MERIAN-Tipp

Im **Hammam Bakusch** in der Avenue Salah Ben Youssef in Midoun lässt sich echte orientalische Badehausstimmung hautnah erleben. Mit einigen Französischkenntnissen kommt man beim Schwitzen oder Abgerubbeltwerden auch rasch in den Genuss einer Konversation. In der Regel ist der Hammam vormittags und sonntags für Männer geöffnet, nachmittags für Frauen. Ein Piktogramm an der Türe erläutert Fremden, welche Klientel gerade an der Reihe ist. Touristen zahlen etwas mehr als Einheimische, doch noch immer ist der Hammambesuch ein preiswertes Vergnügen. Weibliche Besucher können sich im Ruheraum auch die Beine enthaaren lassen. Dieser Schönheitsservice ist allerdings nicht im Preis inbegriffen. ■ D 1, S. 117

Ziele in der Umgebung

Aghir ■ E 2, S. 117

Das Dorf ist kein Dorf im eigentlichen Sinne, sondern wurde ursprünglich als Jugend- und Freizeitzentrum konzipiert. Der große Fußballplatz ist nur ein Beweis dafür. Ansonsten gibt es nur ein, zwei Krämer, bei denen man auch Kaffee trinken kann.

Bordj Ben Ayad ■ E 2, S. 117

Nur eine Piste führt zu den Ruinen des Bordj Ben Ayad, das um 1810 von dem damaligen Inselgouverneur Hamida Ben Ayad errichtet wurde. Ursprünglich reich dekoriert, beeindruckt der prunkvolle Bau in der Nähe von Aghir heute nur noch durch seine Ausmaße. Er ist etwas schwierig zu finden, deshalb sollte man mehrmals nach dem Weg fragen.

Mahboubine ■ D 2, S. 117

Ende des 19. Jh. ließ Ali el Kateb, ein aus dem Ort stammender, in Istanbul reich gewordener Händler, hier eine Moschee errichten, die mit ihren zahlreichen Kuppeln deutlich auf den ottomanischen Baustil verweist. Manche Djerbi behaupten sogar, die 1903 fertig gestellte **Jemaa El Kateb** sei eine verkleinerte Replik der Hagia Sofia. Die strahlend weißen Mauern sind aber typisch für Djerba bzw. den tunesischen Süden. In und um Mahboubine, in dem sowohl besonders orthodoxe Ibaditen als auch die inzwischen durch Zuwanderung von Glaubensbrüdern vom Festland auf der Insel überwiegenden sunnitischen Malakiten leben, erstrecken sich die üppigsten Obst- und Gemüsegärten der Insel, man sieht viele **oualegh**, die großen traditionellen Brunnen, deren Wasser aus dem Auffangbecken (**hijr**) über ein ausgeklügeltes Rinnensystem auf die Felder der

MIDOUN – MAHBOUBINE

Oben: An Festtagen tragen Djerbi-Frauen gerne aufwendig verarbeiteten Schmuck, der ihre Schönheit wirkungsvoll unterstreicht.

Mitte: Urlaub für alle Sinne... Wer sich einen Aufenthalt in einem der luxuriösen Strandhotels in Sidi Mahrès oder La Séguia leisten kann, wird rundum verwöhnt (→ S. 50).

Unten: Geschicklichkeit können die Beschäftigten der Hotellerie- und Gastronomieszene alljährlich beim Kellnerwettrennen in Midoun beweisen (→ S. 103).

weit auseinander liegenden Berbergehöfte geleitet wird. Früher bewegten Ochsen, Esel oder Dromedare die Riemenscheibe (**jarara**), um den Wasserschlauch (**dalou**) heraufzuziehen, inzwischen haben Elektromotoren die Zugarbeit übernommen. Um Mahboubine sind die bewirtschafteten Berbergehöfte noch besonders zahlreich.

Etwas außerhalb des Ortes, auf einem kleinen Hügel im Süden, finden sich noch Reste des **Marabout Satouri**. Der Legende nach lebte in dem schlichten Kuppelbau einst der fromme Sidi Satouri. Man sagte ihm nach, er könne Wasser in Eis umwandeln. Eines Tages kam, während der fromme Mann sein Gebet sprach, ein Hochzeitszug des Weges. Da er in seiner Andacht nicht unterbrochen werden wollte, bedeutete er der Festschar anzuhalten. Diese aber kümmerte sich nicht um den Alten und zog weiter. Wütend über dieses Verhalten, bannte Sidi Satouri die Hochzeiter zum Stillstand und verwandelte sie in Steine. Wer sich in der Umgebung des Marabout genauer umschaut, kann bis heute dort einige große Steine entdecken …
Buslinie 13 von/nach Houmt Souk

Moschee Jemaa Fadhloun
■ D 1, S. 117

Etwa 3 km außerhalb von Midoun, an der Straße in Richtung Houmt Souk, steht auf der linken Straßenseite die Moschee Fadhloun. Ihre große und klare Form sowie die dicken, weiß gekalkten Mauern weisen sie als typisches Beispiel religiöser ibaditischer Architektur aus. Ihr Zisternenhof ist von verschiedenen Gebäuden umgeben, darunter einem Mausoleum, verbunden mit einem Raum für rituelle Absolutionen. Das niedrig gehaltene Minarett mit dem kleinen »Laternchen« verstärkt noch den Eindruck der festungsartigen Bauweise.

Die gesamte restaurierte Anlage wird nicht mehr benutzt und kann daher auch von Nicht-Moslems betreten werden.

Ras Touguerness
■ E 1, S. 117

Ursprünglich stand der mehr als 50 m hohe Leuchtturm am Kap Touguerness einsam, aber weithin sichtbar auf seinem kleinen Hügel. Inzwischen haben sich die Dattelhaine zu seinen Füßen kräftig gelichtet, und an ihrer Stelle sprossen zahlreiche Hotelbauten aus der Erde. Bald soll neben dem kleinen Geschäfts- und Restaurantkomplex an der Straßenkreuzung auch ein Vergnügungszentrum à la Disneyland entstehen. Eine Stichstraße zweigt am Leuchtturm, der als höchster Tunesiens gilt, zu der Lagune Sidi Garous ab.

Sidi Mahrès und La Séguia
■ D 1, S. 117 und E 1-2, S. 117

Zwischen 5 und 8 km beträgt die Entfernung von Midoun zu den beiden Hotelzonen Djerbas, die sich seit den sechziger Jahren an der sandigen Nordost- und Ostküste der Insel ausgebreitet haben. Als Erstes erschlossen wurde der Strand von **Sidi Mahrès**, der etwa auf der Höhe von **Mezraya**, ca. 10 km östlich von Houmt Souk, beginnt und sich mit seinem breiten Sandband hinter den flachen, türkisblauen Fluten des Mittelmeeres weitgehend baum- und schattenlos bis zum Leuchtturm vom Ras Tourgueness erstreckt. Zum Glück haben aber viele Hotels an ihren Strandabschnitten Sonnenschirme aus Palmfasern aufgestellt. Bis auf wenige Ausnahmen (z. B. vor den beiden Club Med-Anlagen La Nomade und La Fidèle) erfolgt der Zugang zum Meer ausschließlich über die Hotelanlagen.

MAHBOUBINE – SIDI MAHRÈS UND LA SÉGUIA

Vom Ras Tourgueness bis zum Ras Lalla Hadria ragt eine lange, schmale Sandzunge ins Meer und bildet die Lagune von **Sidi Garous**. Bei Ebbe liegt sie völlig frei und bringt eine ganze Welt von Kleinstlebewesen ans Licht – ein gefundenes Fressen für Reiher und Flamingos.

Der etwa 5 km lange Strandabschnitt zwischen Lalla Hadria und dem Dorf Aghir trägt den Namen **La Séguia**. Im Gegensatz zur Plage Sidi Mahrès ist er teilweise von Felsen durchsetzt, und man findet sogar einige Schatten spendende Palmen. Das Wasser ist auch hier klar, die Hotelbebauung bislang allerdings noch weniger dicht; als Gäste dominieren hier Franzosen. Deutsche Reiseveranstalter indes haben vorwiegend die Häuser am Strand von Sidi Mahrès im Programm.
Buslinien 10 und 11

Hotels/andere Unterkünfte

Plage Sidi Mahrès
Athénée Palace
1998 eröffnetes Luxushotel im Stil eines maurischen Palastes mit allem erdenklichen Komfort und breiter Angebotspalette sowohl was Kulinarisches als auch Sport und Unterhaltung anbelangt. Robinson Select Club, Thalasso-Center.
Tel. 05 75 76 00, Fax 05 75 75 01; 520 Zimmer; ganzjährig geöffnet ★ ★ ★ ★
EURO VISA

Club Mediterranée La Nomade 👫
Einfacher, preisgünstiger All-Inclusive-Familienclub mit großem Animations- und Sportangebot und abwechslungsreichen Buffets. Zimmer ohne TV und recht klein; neues Nebengebäude Méridiana mit Aircondition. Direktverbindung zum öffentlich zugänglichen Thalasso-Center.
Tel. 05 74 65 65, Fax 05 74 59 39; 558 Zimmer; ganzjährig geöffnet ★ ★
EURO VISA

Coralia Club Palm Beach Djerba
→ S. 71

Dar Ali
Familiär geführtes Haus rund 10 km vor den Toren von Houmt Souk; kleiner Pool, zum Strand muss man allerdings ein paar Minuten laufen (ca. 1 km).
Tel. 05 65 76 71; 15 Zimmer; ganzjährig geöffnet ★ ★ VISA

Dar Midoun 👫
Zweigeschossige Anlage von 1992, gruppiert um einen Pool und die großzügige Sonnenterrasse. Zum Haus gehört die einzige Kegelbahn Djerbas. Große Zimmer, zum Teil auch mit Verbindungstüre für Familien.
Tel. 05 65 81 68, 05 65 81 67, Fax 0 56 58 16; 285 Zimmer; ganzjährig geöffnet
★ ★ ★ ★ EURO VISA

Djerba Orient M
Sehr persönlich geführtes Haus unter deutscher Leitung mit arabischer Philosophie (kein Alkoholausschank) und Küche. Auch vegetarische Menüs und »Omas Käsekuchen«. Neues kleines Hallenbad, Pool. Maurischasiatischer Ausstattungsmix.
Tel. 05 75 74 40, Fax 05 75 71 74, E-Mail: djerba.orient@gnet.tn; 28 Zimmer; ganzjährig geöffnet ★ ★ ★ EURO VISA

Hasdrubal Thalassa
Elegantes, ruhiges First-Class-Hotel im orientalischen Stil direkt am Strand. Großzügige, gepflegte Gartenanlage, geräumige, sehr komfortable Zimmer, mehrere Restaurants, Bridgesalon.
Tel. 05 65 76 50, Fax 05 65 77 30; 215 Zimmer, ganzjährig geöffnet ★ ★ ★ ★
EURO VISA

Les Quatre Saisons 👫
Lebhafte Anlage mit acht Tennisplätzen, drei Pools sowie großem Animations- und Unterhaltungs-

MIDOUN

angebot. Helle, freundliche Zimmer.
Miniclub, Kinderspielplatz.
Tel. 05 65 85 80, Fax 05 65 85 90;
285 Zimmer; ganzjährig geöffnet ★ ★ ★
EURO VISA

Miramar Djerba Palace
→ S. 71

Sangho Village
Einfache Clubanlage in einem großen
Gartenareal.
Plage Ras Rmel; Tel. 05 65 70 34,
Fax 05 74 60 33; 320 Bungalows;
ganzjährig geöffnet ★ ★

Sofitel Palm Beach
Luxusherberge im maurischen Stil,
mit viel Marmor, Mosaiken und dem
ockerfarbenen Stein von Gabès.
Großzügige, modern ausgestattete
Zimmer mit Balkon, elegante Bäder
mit bildhaften Kachelfriesen. Je
nach Lage der Unterkunft (z. B. nähe
Lobbybar) recht laut. Traumhaft
großer Pool, Balneotherapie.
Tel. 05 75 77 77, Fax 05 78 88 88, E-Mail:
palm.direction@gnet.tn; 252 Zimmer und
7 Suiten; ganzjährig geöffnet ★ ★ ★ ★
EURO VISA

Plage La Séguia
Centre Vacances Aghir 👫
Staatliches Jugendzentrum, das aber
Gäste aller Altersklassen akzeptiert.
Zur Wahl stehen schlichte Vierbett-
Zimmer, Zweibett-Hütten sowie Cam-
pingterrains.
Am Strand von Aghir; Tel. 05 65 73 66;
162 Betten ★

Club Calimera
Hübsche, ruhig gelegene All-inclusive-
Anlage mit Zimmertrakten und Bun-
galows, ausgezeichnetes Frühstücks-
buffet, maurisches Café, großes
Sportangebot. Vorwiegend deutsche
Gäste.
Tel. 05 65 73 14, Fax 05 65 71 94;
290 Zimmer; ganzjährig geöffnet ★ ★ ★
EURO VISA

Club Med La Fidèle
Ein Strohhütten-Dorf direkt am
Strand mit breitem Sportangebot.
Ideal für Surfer und Segler.
Tel. 05 65 70 27, Fax 05 65 72 89;
480 Zimmer; Nov.–April geschl. ★ ★

Club Palma Djerba
Rund 200 m vom Dünenstrand entfernt stehen die weißen, teils ein-,
teils zweistöckigen Bungalows. Zwei
Pools, Boutique, breites Fitness-
und Sportangebot. Meist deutsch-
sprachiges Publikum.
Tel. 05 65 78 30, Fax 05 65 78 33;
290 Zimmer; ganzjährig geöffnet ★ ★ ★
VISA EURO

Melia Djerba Menzel
Eine der größten Anlagen mit weit-
läufigem Zimmertrakt und 20 Pavil-
lons im inseltypischen Menzel-Stil.
Abwechslungsreiche Poollandschaft,
Palmenstrand, verschiedene Bars
und Restaurants, Geschäfte, Kos-
metikanwendungen, Indoor-Pool.
Teilweise leider sehr unfreundliches
Rezeptionspersonal.
Tel. 05 75 02 00, Fax 05 75 04 90;
E-Mail: elmouradi.menzel@planet.tn.;
700 Zimmer; ganzjährig geöffnet
★ ★ ★ ★ EURO VISA

Miramar Cesar Palace
Elegantes, komfortables und recht
ruhiges Haus mit orientalischem
Charakter. Geschmackvolle Zimmer,
Hallenbad, Kinderbecken und Süß-
wasserpool. Zum Strand rund 300 m.
Tel. 05 65 76 50, Fax 05 75 35; 112 Zimmer;
ganzjährig geöffnet ★ ★ ★ ★ EURO VISA

Sidi Slim
Einfache Bungalowanlage mit kleinem Thermalpool, Kinderbecken
und großem Sportangebot direkt am
Strand. Pizzeria, Restaurant, Disco.
Tel. 05 65 70 21, Fax 05 65 70 02, E-Mail:
htl.sidislim@planet.tn; 280 Zimmer;
ganzjährig geöffnet ★ ★ EURO VISA

Sidi Mahrès und La Séguia

Tryp Palm Azur
Moderne, dreistöckige Anlage direkt am Sandstrand mit Golfübungsplatz und vielen weiteren Sportangeboten. Großer Pool, Hammam, Massage, Miniclub.
Tel. 05 60 13 00, Fax 05 60 13 10; E-Mail: palmazurdjerbartryp.hotel@planet.tn; 350 Zimmer; ganzjährig geöffnet
★★★★ EURO VISA

Essen und Trinken

Buvette Chez Zammouri
Sandwiches und frisch gegrillter Fisch mit dem Meer vor Augen und den Füßen im Sand. Der für die nur eine Handvoll Strand-Tische verantwortliche Kellner der Snackbude trägt jedoch stilvoll eine schwarze Hose und ein weißes Hemd.
Am Strand neben dem Club Med La Nomade, Hotelzone Plage Sidi Mahrès; tgl. mittags bis spätnachmittags ★

Ferida
Französische und tunesische Küche auf höchstem (Preis-)Niveau. Serviert wird in einem edlen Ambiente aus Holz und Glas.
Im Casinogebäude, Hotelzone Plage Sidi Mahrès; Tel. 05 75 75 37; tgl. ab 20 Uhr
★★★

Le Capitaine
Unter Bootsnetzen und anderem maritimem Dekor serviert der »Kapitän« Landesküche mit Zugeständnissen an europäische Gaumen.
Zone Touristique Aghir; Tel. 05 60 08 94; tgl. mittags und abends ★★

Le Phare
Ausgesprochenes Touristenlokal mit hübscher Aufmachung in den Farben Blau und Weiß. Schlichte tunesische Kost und gegrillter Fisch stehen auf der Speisekarte.
Am Leuchtturm, Hotelzone Plage Sidi Mahrès; Tel. 05 65 83 82; tgl. mittags und abends ★★

Unverschämt süß und klebrig: Typische Naschereien wie aus Tausendundeiner Nacht findet man in ausgewählten Geschäften.

Pizzeria da Mario 👫
Bella Italia vor der Strandkulisse Djerbas – mit Pizza, Pasta, Bruschetta und Rucolasalat.
Tel. 05 75 78 22; tgl. mittags und abends ★★

Am Abend

Viele der großen Hotels in der Zone Touristique betreiben **Diskotheken**, die zunehmend auch von Djerbi besucht werden. Besonders beliebt sind derzeit die Etablissements **Calypso**, **Jets** und **Royal Garden**.

Grand Casino
Prunkvoller Neubau im maurisch-modernen Stil mit Dschungel-Café, Restaurant und Varietésaal. Das Casino selbst ist erst ab 20 Uhr geöffnet; man kann nur mit Devisen spielen.
Zone Touristique; Tel. 05 75 75 37

Djerbas Süden
Das Erbe von Jahrtausenden
prägt Djerbas Süden, angefangen bei der Töpfertradition über die Schwammfischerei bis zu den Überresten einer phönizischen Stadt.

Die Region zwischen **Ajim** und **El Kantara** ist jene, die dem Festland am nächsten liegt; sowohl auf dem Wasserweg als auch über einen Straßendamm existieren Verbindungen über den Golf von Bou Grara zum Kontinent. Touristisch ist der hauptsächlich von Berberfamilien bewohnte Süden Djerbas unerschlossen, kein einziger Hotelbau verunziert bislang die Küste. So sind Fischer und Flamingos in den Golfgewässern nach wie vor weitgehend unter sich; die Lagune bei **Guellala** ist ein Vogelschutzgebiet.

Das Leben in Djerbas Süden verläuft in äußerst geruhsamen Bahnen. Die Besiedlung ist dünn, außer dem stark besuchten Töpferort Guellala und dem benachbarten, unscheinbaren Sedouikech gibt es keine nennenswerten Orte zwischen dem Fährhafen Ajim und der 7 km langen »Römerstraße«, die hinüberführt zur Festlandoase **Zarzis** (→ S. 66).

Olivenhaine, Obstgärten, Getreidefelder und die traditionellen berberischen Einzelgehöfte prägen das Landschaftsbild; auf den insgesamt nur drei asphaltierten Straßen der Region sieht man meist eher Eselskarren und Fahrräder denn Autos. Frauen und Mädchen tragen noch häufig die traditionelle Berberkleidung, d. h. einen gegürteten Faltenumhang (**fouta arbi** oder **melhafa**) und den **bahhûg**, einen wollenen Umhang, der das Haar verhüllt, bzw. einen gewebten Schleier. Mit ihren dunklen Rottönen oder braun-weißen Streifenmustern unterscheiden sich diese Trachten deutlich von den weißen, mit orangefarbenen Bändern gesäumten Traditionsgewändern der Inselmitte, wie man sie in Mahboubine sieht oder in Midoun.

Stilles Pflaster: Vom Tourismus ist der Hafenort Ajim weitgehend unberührt.

Ajim ▪ B 2, S. 116

3000 Einwohner

Einst neben der römischen Pons Zita bei El-Kantara wichtigstes Eingangstor der Insel, bestimmen heute moderner Fährverkehr, eine Unterwasserfarm und die traditionelle Schwammfischerei den Alltag des Ortes. Er liegt etwa 22 km südlich der Hauptstadt Houmt Souk, und die Straße von hier führt durch ein dünn besiedeltes Gebiet mit Olivenhainen und Gerstenfeldern unmittelbar zum **Bac**, wie die Einheimischen den Fährhafen von Ajim nennen. Drei schon etwas mitgenommen aussehende Fährschiffe sorgen dort für die Verbindung mit **Djorf** an der rund 3 km entfernten Festlandküste; Buden von Souvenirhändlern säumen die letzten Molenmeter. Von der Inselkarte bis hin zum Erinnerungsfoto mit einem echten Leguan auf der Schulter kann man bei ihnen alles bekommen.

Im Mittelalter beschützte die Passage zwischen Ajim und Djorf auf der Inselseite das **Bordj el Marsa**, leider blieben von ihm kaum mehr als ein paar Steinbrocken erhalten. Gegründet wurde Ajim wahrscheinlich schon von den Phöniziern – unter dem Namen Tipasa. Doch auch Relikte aus dieser Zeit sucht man vergebens. Der kleine Ort zeigt ein modernes arabisches Gesicht mit einer schönen Moschee, einem etwas versteckten Marktplatz, einem einzigen Restaurant sowie zwei, drei Cafés und Läden um die zentrale Place du 7 Novembre, deren Brunnenskulptur an das traditionelle Fischerhandwerk erinnert. Denn Ajim ist der wichtigste Fischereihafen Djerbas; schon lange hat er Houmt Souk diesen Rang abgelaufen. Wer von der Mole zum Bac einen Blick hinter die niedrige Gebäudezeile auf der linken Straßenseite wirft, entdeckt die bunten Fischerboote und auch die kleine Fischmarkthalle. Die Schwammfischerei, die vor allem im Sommer ausgeführt wird, ist zwar rückläufig, dafür wurde vor Ajim eine der insgesamt vier tunesischen Fischzuchtstationen angelegt. In ihr wachsen vorwiegend Meerwolf und Goldbrassen auf. Wer des Französischen mächtig ist, kann von den älteren Schwammfischern – vor allem während des allsommerlichen Schwammmarktes, zu dem sich alle Taucher und Käufer in Ajim versammeln – noch etwas über die traditionelle Spiegeltechnik erfahren, die zum »Pflücken« der Schwammballen angewendet wird. Die Spiegel sind einfache, zylindrische Metallröhren, die auf einer Seite mit einer Glasscheibe verschlossen sind. Sie ermöglichen es, das Meer durch eine trübe, dunkle Wasseroberfläche klar zu sehen und die Schwammbänke deutlich auszumachen.

Früher tauchten die Männer ohne jegliche Ausrüstung nach den Schwämmen, ihre Ausbeute betrug oft nicht mehr als drei oder vier Stück, dann waren sie erschöpft von ihrem ungeschützten Aufenthalt mehrere Meter unter der Meeresoberfläche und ruckten an der Leine um ihren Bauch, damit die im Boot gebliebenen sie wieder nach oben zogen. Oft lief ihnen dann, nachdem sie aus dem Wasser aufgetaucht waren, das Blut aus Ohren und Nase. Inzwischen gibt es zwar auch hier Sauerstoffflaschen, doch nicht jeder kann sich die Anschaffung leisten. Die Schwammfischerei geht daher immer mehr zurück.

Verlässt man Ajim über die etwas großspurig **Boulevard de l'Environnement** genannte Ausfallstraße in Richtung Guellala, so entdeckt man bald die Vorboten des dortigen Töpferhandwerks: aus grauweißem Ton gegossene, barocke Balkonsäulen, die in der Sonne zum Trocknen liegen.

Von der MC 116 ins 22 km nördlich von Ajim liegende Houmt Souk zweigt nach einigen hundert Metern links eine Piste ab zur Küste, auf der man, so sie nicht durch Regen unpassierbar ist, bis zur Westspitze Djerbas gelangt, wo sich der Leuchtturm Bordj Djlili erhebt. An der einsamen Strecke liegen die Moschee Sidi Djimor sowie mehrere **marabouts** und einige der schönsten, ruhigsten Strände der Insel.

Zwischen MC 116 und der Piste erstreckt sich parallel zur Küste die Palmeraie von Ajim, besser gesagt, ihr **Dattelhain**. Er gilt als der schönste der Insel. Die dort wachsenden kultivierten, also essbaren Dattelsorten werden auf den lokalen Märkten verkauft, die wilden an die Dromeda-

---

❗ MERIAN-Tipp

Schönes Mitbringsel: Schwämme Alljährlich im Juli richtet Ajim seinen Schwammmarkt aus. Das genaue Datum richtet sich nach der Saison der Schwammtaucher. Die von ihnen geernteten Naturschwämme (**tirbes**) werden dann überall im Ort angeboten. Die großporigen Exemplare sind die besseren – und daher teureren; allein sie verwendet man zum Waschen. Die feinporigen sind nach Auskunft der Experten von minderer Qualität, sie werden allenfalls zum Tünchen und Malen, d. h. als Farbpinsel verwendet. Für einen guten Waschschwamm verlangen die Händler rund 7 tD, für einen Malschwamm um die 4 tD.   ◼ B 2, S. 116

re verfüttert. Zwischen April und Oktober sieht man in diesem Hain viele Tonkrüge oder Eimer an den Dattelstämmen hängen, die den Palmsaft (**laghmi** oder **leghmi**) auffangen, der von der beschnittenen Spitze des Baumes über eine Rinne im Stumpf in die Gefäße fließt. Dieser Fruchtsaft, von dem sich zwischen Frühjahr und Herbst täglich bis zu zehn Litern pro Baum gewinnen lässt, gärt allerdings recht schnell und wird dann zu dem schon im Koran verbotenen Palmwein.

Essen und Trinken

Café de l'Oasis
Umgeben von einem großzügigen Garten genießt man hier aus ruhiger Ferne einen schönen Blick auf den Ort – und mit etwas Glück auch ein Glas Palmsaft oder -wein.
Im Palmenhain

Café du Bac
Vor dem Auslaufen der Fähre trinkt man hier schnell noch einen Kaffee oder Tee; von der Terrasse lassen sich aber auch lange Studien im Fischerhafen betreiben.
An der Straße zum Fährhafen

Café du Marché
Typisches Einheimischen-Café mit schattiger Straßenterrasse am Durchgang vom Markt. Es gibt nur Tee, Kaffee und Erfrischungsgetränke, keinerlei Speisen.
Place du 7 Novembre

Chez Salem M M M
Mohamed Bouhastine betreibt das einzige Restaurant Ajims, das eigentlich auch nur eine **gargouterie**, also eine preisgünstige Garküche, ist. Spezialität des Hauses ist Fisch; der Gast wird gebeten, sich das gewünschte Exemplar im Kühlschrank selbst auszusuchen. Die Zubereitungsvarianten beschränken sich auf gegrillt oder

mit Sauce; es gibt keinen Alkohol, dafür wird gerne draußen auf der Gasse eine Terrasse improvisiert, wenn der Platz innen nicht reicht.
In der zur Moschee führenden Seitengasse der Place du 7 Novembre, Rue Sliman Jidaouni; Tel. 05 66 06 20; tgl. 12–15 Uhr ★

Complexe Oasis
Im schattigen Rund dieser Anlage direkt am Fischbrunnen im Herzen des alten Ortskerns sitzt man bei einem Glas Tee, Kaffee oder einer Dose Limonade vor allem an Markttagen wie auf einem Logenplatz.
Place du 7 Novembre

Patisserie El Afrah
Im Angebot sind die berühmten Cornes des Gazelles aus Tataouine, Brot, Torten, gute Sandwiches – alles aber nur zum Mitnehmen. Wer mag, kann natürlich gleich an der Verkaufstheke das Einwickelpapier lösen und im Stehen probieren – falls »Nachschlag« geordert werden soll.
Place du 7 Novembre

Patisserie Ideal
Einfaches Café mit kleiner Terrasse zum Fischereihafen; die Kuchenauswahl ist trotz des Namenszusatzes »Konditorei« kaum der Rede wert.
An der Hafenmole

Einkaufen

Temala
Kleiner Kunsthandwerksladen mit Keramikwaren aus Spitla bei Kairoun. Das ganze Jahr über gibt es hier auch Naturschwämme zu kaufen.
An der Straße zum Fährhafen Le Bac

Service

Fährverbindung Ajim-Djorf von 6 bis 24 Uhr im Halbstundentakt, nachts alle zwei Stunden. Für Fußgänger ist die Passage kostenlos, pro Pkw zahlt man 800 Millimes.

DJERBAS SÜDEN

Ziele in der Umgebung

Djorf ■ B 3, S. 116

Das Festlandziel der Fähre an der roten, mehr als 50 m tief unter den Wasserspiegel reichenden Steilküste besteht lediglich aus einer Handvoll Gebäude – die meisten davon sind Restaurants und Cafés. Sie locken mit Schildern in französischer Sprache, aber auch in abenteuerlichem Deutsch und Italienisch mit Angeboten für frischen Orangensaft, Kaffee und Snacks. Kein schlechter Service, weil die Fährpassagiere nach ihrem Ausflug auf den Kontinent oft in der Warteschlange stehen, vor allem in den frühen Abendstunden, wenn zahlreiche Touristenbusse und Landrover von ihren Wüstentouren nach Djerba zurückkehren.

Früher rasteten an der gleichen Stelle die Sahara-Karawanen, bevor sie ihre »Waren« (vor allem Sklaven und Ebenholz) auf die Barken verluden, um auf die Insel überzusetzen. Von dem historischen Karawanenhalt **Tarf el Djerf**, von dem das heutige Djorf vermutlich seinen Namen herleitet, ist allerdings nichts erhalten. Der Legende nach soll an seiner Stelle einst sogar eine bedeutende Stadt gelegen haben, die nun im Meer versunken ist. Keramikfunde in den Gewässern zwischen Ajim und Djorf geben dieser Vermutung immer wieder neue Nahrung.

Gightis ■ A 4, S. 116

Einen herrlichen Blick über den **Golf von Bou Grara**, jenes Fast-Binnenmeer, das die Insel Djerba und die Ebene La Jeffara trennt, bietet die Festlandküste südlich von Djorf. Man erreicht sie, wenn man sich an der Straßengabelung hinter der Fähranlegestelle Djorf nach links hält, in Richtung Médenine. Nach rund 20 km erreicht die Straße das Dorf

Bou Grara, in der Kurve hinter dem Ortsausgang sieht man bereits die ersten Ruinen des antiken Gightis. Wahrscheinlich bereits zu phönizischer Zeit, also im 6. Jh. v. Chr., ließen sich hier die ersten Siedler nieder und gründeten einen Hafen. Belegt durch Grabfunde ist jedoch erst eine Niederlassung der Karthager in der geschützten Bucht. Ab 202 v. Chr. geriet der karthagische Stützpunkt dann unter numidische Herrschaft; rund eineinhalb Jahrhunderte später wurde er von Julius Caesar dem römischen Africa Nova einverleibt. Durch seine Lage zwischen Kleiner Syrte (Golf von Gabès) und Großer Syrte (Golf von Tripolis) war Gightis obligatorischer Haltepunkt für die Saharakarawanen, die Gold und Sklaven aus dem weit entfernten Schwarzafrika brachten. Es gelangte zu immer größerer Bedeutung als Handelszentrum und erhielt unter Anton dem Frommen (138–161) den Rang einer Stadt. Im 4. Jh. erblühte Gightis sogar zur Hochburg des Christentums in Südtunesien und stellte den Erzbischof der Provinz Libyen. Der Einfall der Vandalen indes brachte ihr den Untergang. Erst in der byzantinischen Epoche regte sich neues Leben, doch nur für kurze Zeit. Denn die Kamelkarawanen wählten statt der Küstenroute bald nur noch den direkten, kürzeren Weg durch die Ebene; der von der Verlandung bedrohte Hafen wurde im Zuge der arabischen Invasion zerstört.

Die Reste des mehr als 50 ha umfassenden antiken Gightis wurden zwischen 1901 und 1906 ausgegraben und sind der Öffentlichkeit zugänglich. Es braucht allerdings eine gehörige Portion Fantasie, um sich die einstige Pracht dieser Stadt vorzustellen. Als Erstes erblickt man beim Betreten des Geländes von der Straßenseite her linker Hand die Ruinen der westlichen Thermen mit dem Rund einer Sportarena. Weiter gera-

DJORF – MOSCHEE JEMAA LUTAR

deaus lag das Zentrum der Stadt mit dem rund 30 mal 20 m messenden Forum. An ihm sind noch die Reste einiger Säulen erkennbar, die ursprünglich den umlaufenden Portikus trugen. Die meerwärts gewandte Stirnseite des Forum beschloss der große Tempel des Liber Pater (gemeint ist der Weingott); in byzantinischer Zeit stand hier eine Basilika. Kapitolstempel, Zentralthermen und ein weiterer Tempel mit Innenhof und Portikus vervollständigten die Bauten in Richtung Küste. Ein Pflasterweg führt zum ehemaligen Hafen. Dort fanden Archäologen einen fast 150 m langen und mehr als 15 m breiten Pier. Parallel zum Küstenhang lagen südlich des Forums eine Reihe von Villen und etwas weiter landeinwärts der Tempel des Handelsgottes Merkur. Im Norden des Geländes findet man noch Reste einer byzantinischen Festung.
April–Sept. tgl. außer Fr 9–13 und 15–19 Uhr, Okt.–März 8.30–17 Uhr; Eintritt frei, Fotoerlaubnis gegen Gebühr (1 tD)

Moschee Jemaa Lutar
■ B 2, S. 116

Etwa 6 km vor Ajim führt von der Straße aus Houmt Souk rechts eine Piste in Richtung der Palmenhaine, die als die schönsten Djerbas gelten, zur Küste. Bereits nach etwa 300 m erreicht man – inmitten der Felder – das Areal einer unterirdischen Moschee, der Jemaa Lutar. Erbaut vor rund drei Jahrhunderten, dient das versteckte kleine Gotteshaus heute nur noch selten wenigen Gläubigen als Gebetsstätte. Kerzen, Behälter mit Öl und aufgerollte Teppiche in einer Ecke zeugen davon.

Der Hauptsaal liegt komplett unter der Erde; der von einer gedrungenen, weiß gekalkten Mauer befriedete Vorhof ist in eine Senke eingelassen und lässt sich aus der Distanz ebenfalls kaum erkennen. Einzig die beiden kleinen, einräumigen Nebengebäude stehen sichtbar in der Landschaft. In einem kann man noch eine hölzerne Totenbahre sehen.

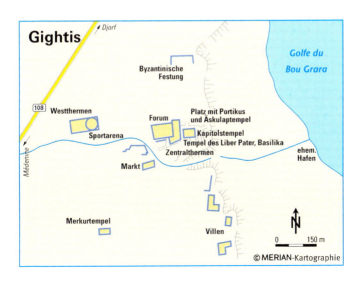

DJERBAS SÜDEN

Guellala

■ C 2, S. 116

8000 Einwohner

Rötliche Amphoren, graubraune Krüge sowie eine Vielzahl von Tellern, Schüsseln, Vasen in leuchtendem Blaugrün, Blauweiß oder anderen prächtigen Farben, sorgfältig am Straßenrand oder vor einer Hauswand arrangiert, weisen den aus Richtung Ajim oder Houmt Souk kommenden Reisenden bereits am Ortseingang von Guellala auf dessen Haupteinnahmequelle hin: die Töpferei. Wer noch Zweifel hat, wird mit Schildern wie »Poterie«, »Töpferei« und handschriftlichen Aufforderungen zum Besuch der Werkstätten animiert, also das Auto oder den Bus zu verlassen und sich der (Verkaufs-) Kunst zahlreicher junger Männer zu stellen.

Zwar arbeiten heute von den rund 8000 Bewohnern Guellalas nur noch rund 40 als Töpfer, doch die Kollegen und Fabriken in Nabeul auf dem Festland sorgen regelmäßig für die Aufstockung der örtlichen Produktion. Vor allem im Ortskern, um den kleinen, an drei Seiten von Arkaden gesäumten Marktplatz, an dem die Händler oft schon am Vorabend des Markttages ihr Obst und Gemüse auf dem Boden auslegen, ballen sich die Verkaufsläden und Werkstätten. Neben dem Rathaus steht eine moderne Skulptur, die der Töpfertradition des Ortes huldigt.

Unter dem Namen Haribus war Guellala bereits in der Antike bekannt. Die Bezeichnung geht wahrscheinlich auf das semitische Wort »heres« zurück, was so viel bedeutet wie Gefäß. Im Arabischen hat **k'olla** die gleiche Bedeutung; von ihr dürfte sich der aktuelle Ortsname Guellala ableiten. Bereits um 1500 v. Chr., so wird vermutet, standen die ersten Brennöfen in Guellala. Somit besitzt Djerba wohl die ältesten Keramikwerkstätten Tunesiens. Schon früh konnten die Töpfer von Guellala ihre Amphoren, Schalen und anderen Gebrauchsgegenstände bis weit in die Sahara hinein verkaufen. Sie wurden auf die Dromedare der Karawanen geladen, denn in jedem Oasenhaushalt benötigte man Vorratsbehältnisse für Datteln, Oliven, Wasser und Aufbewahrungsmöglichkeiten für Schmuck, Aussteuer und Kleidungsstücke.

Grundlage für die Ausprägung des Töpferhandwerks in Guellala, das zu seiner Blütezeit mehr als 400 Menschen ausübten, sind reichhaltige Tonvorkommen in einem benachbarten Hügel, übrigens mit 54 m die höchste Erhebung Djerbas. In engen, meist nur über eine steile Treppe zu erreichenden unterirdischen Gängen (**ghiran**) wird dieser Gipsmergel mit einfachsten Werkzeugen abgebaut. Mit vier Schlägen, so heißt es, solle der Arbeiter seine Aufgabe erledigen, denn die Stollen sind stickig und reichen oft bis zu 80 m weit in die Basis des Hügels hinein. Früher transportierten Dromedare die Tonblöcke in die Werkstätten, inzwischen haben Lastwagen diese Aufgabe übernommen.

Folgt man der Dorfhauptstraße von Guellala in Richtung Sedouikech, gelangt man kurz hinter dem weithin sichtbaren neuen **Museum für Volkskunde** zu dem Hügel mit den Tonvorkommen. Geschäftstüchtig haben hier einige junge Leute an der linken Straßenseite eine Freiluft-Verkaufsausstellung arrangiert – und gewähren Interessierten Zugang in das Innere des Hügels bzw. in aufgelassene Brennöfen. Diese **tforent**, wie sie in der Berbersprache heißen, sind in den Boden eingelassen. Nur ihre Kuppeln ragen heraus, mit einer Schicht von

An Markttagen rücken bunte Gewürze und andere Nahrungsmittel die ansonsten in Guellala allgegenwärtigen Töpferwaren ein wenig in den Hintergrund.

GUELLALA

DJERBAS SÜDEN

großen Krügen an der Außenwand isoliert. Befeuert werden diese Öfen zunächst mit Olivenholzscheiten, dann mit Ästen und Palmzweigen. Einer dient inzwischen als Demonstrationswerkstätte. Die meisten der noch intakten Brennöfen liegen abseits der Straße, d. h., man erreicht sie nur zu Fuß oder über eine Piste. Sie werden mit der Tonware voll gestellt, fest mit Ziegeln und Ton verschlossen und je nach nötiger Brenndauer oft erst nach einer Woche wieder geöffnet. Die größten Öfen dienten einst zum Brennen gigantischer Amphoren; sie sind am schwersten zu befeuern. Nachdem die Nachfrage nach großen tönernen Vorratsbehältern mittlerweile erloschen ist, verfallen sie allmählich.

Mit etwas Glück kann man in den nicht ganz so sichtbar am Straßenrand platzierten Töpferateliers noch einem jener Kunsthandwerker auf die Finger schauen, die nicht nur für Touristen in Windeseile eine Vase oder Kaffeetasse an ihrer Drehscheibe hochziehen. Außerdem entdeckt man hier auch die Model, denn nicht jedes Stück, das in den Ortsläden steht, ist per Hand modelliert. Statt aus einem Klumpen Ton durch Drehen an der Scheibe oder in der Wursttechnik geformt, werden viele Objekte gegossen. Zu ihnen zählt auch das berühmte »Magische Kamel«, in dem man angeblich tropfenlos zwei Flüssigkeiten mischen kann, die dann als ein Strahl aus dem Maul des Tontieres fließen.

Museen

Museum für Volkskunde 👫👯

Nach dem Musée des Arts et Traditions Populaires von Tozeur ist das neue Museum von Guellala das zweite Museum Tunesiens, das nicht in einem historischen Palais, sondern in einem eigens erstellten Neubau untergebracht ist. Seine Grundstruktur

entspricht einem **menzel**, einem traditionellen djerbischen Berbergehöft. Wie ein solches ist der auf seinem Hügel weithin sichtbare weiße Gebäudekomplex nach außen hin festungsartig abgeschlossen und öffnet sich nach innen auf einen Hof. Die Ausstellungsräume bilden quasi den äußeren Mauerring; durch kleine Öffnungen bieten sich von ihnen immer wieder auch Ausblicke in die umliegende Landschaft.

Die Exponate des Museums werden nicht in Vitrinen präsentiert, sondern sind thematisch in Szenen angeordnet, oft mit entsprechenden Hintergrundgemälden, die ein junger Künstler aus Erriadh ausgeführt hat. Die Palette reicht vom traditionellen Wohnen über die Hochzeitsvorbereitung und Beschneidung bis hin zur Rechtsprechung und Wahrsagerei. Lebensechte, von Künstlern gestaltete Puppen »erzählen« quasi vom Alltag, von historischen Handwerkstechniken, Mythen, Riten und Festen. Dabei beschränkt sich die von einem Geschichtsprofessor initiierte Sammlung nicht nur auf Djerbisches, sondern bezieht auch andere Regionen Südtunesiens mit ein. Ganz inseltypisch sind indes die Ölmühle und die Weberei, die als Nachbauten die eigentlichen Ausstellungsräume ergänzen. Auch hier sorgen lebensgroße Puppen wieder für bildhafte Anschaulichkeit; bei der Ölmühle erwartet den Besucher sogar ein echtes Kamel.

Neben der Volkskunde widmet sich das Museum auch der zeitgenössischen Kunst: Es gibt eine Galerie für Wechselausstellungen sowie die **Salle de Lauréat**, wo Arbeiten tunesischer Staatspreisträger gezeigt werden. Vom Minarettturm bietet sich ein herrlicher Ausblick auf Guellala und den Golf von Bou Grara. Es lohnt sich, auf diesem Ausguck auf den Sonnenuntergang zu warten.
Tgl. 8–24 Uhr; Eintritt 5 tD, Kinder 2,5 tD

GUELLALA

Oben: Achten Sie auf Qualität – handwerkliche Sorgfalt ist nämlich nicht immer die Grundlage der Keramikarbeiten, die man in Guellala in reicher Auswahl findet.

Mitte: Interessante Architektur, spannendes Innenleben – das Museum für Volkskunde lohnt einen Ausflug unbedingt.

Unten: Traditionelle djerbische Töpferbrennöfen liegen halb unter der Erde. Der Brennvorgang – geheizt wird mit Holz von Olivenbäumen oder Palmen – dauert fünf bis sieben Tage.

DJERBAS SÜDEN

Essen und Trinken

Café de la Jeunesse
Obwohl es Jugend-Café heißt, hocken hier meist mehr oder weniger betagte Männer vor einem Glas Kaffee im Schatten der Arkaden oder an den wackeligen Tischen im Schatten eines staubigen Busches.
Am Marktplatz

Café Maure
Erfrischungsgetränke und Snacks inmitten der Zeugnisse djerbischer und tunesischer Alltagsvergangenheit.
Im Museum für Volkskunde am Ortsausgang

Cobry
Tee, Kaffee und Nichtalkoholisches wird hier oben auf dem Tonhügel serviert. Von der kleinen Terrasse schaut man auf die Brennöfen und Stolleneingänge.
Hinter dem Ortsausgang an der Straße nach Sedouikech

Ziele in der Umgebung

Bordj Kastil ■ D 3, S. 117

An der Spitze der bei Trockenheit weit ins Meer ragenden Landzunge Bine El Oudiane ließ Roger de Louria im 13. Jh. im Auftrag von Pedro III, König von Sizilien und Aragon, wie schon in Houmt Souk eine Festung errichten. Er stationierte dort, so heißt es, ein starkes Truppenkontingent und zwang die Bewohner Djerbas zu hohen Abgaben. Im Jahre 1334 manifestierte sich die Absicht der Djerbi, ihre Insel wiederzuerobern, im Sturm auf das Fort. Die dort stationierten Soldaten wurden als Sklaven gefangen genommen.

Eine Legende, die in mehreren Varianten erzählt wird, bringt das Fort, das die Einheimischen auch Skorpionfestung nennen, indes mit einem schmerzlichen Ereignis anderer Art in Verbindung: Es ist die Geschichte eines Königs, der lange Zeit mit seiner Gattin auf Nachwuchs verzichten musste. Nach vielen Jahren wurden die beiden schließlich aber doch

---

❶ MERIAN-Tipp

Traditionelle Töpferwaren Djerbas Keramik diente ursprünglich hauptsächlich dem alltäglichen Gebrauch, daher war sie weder glasiert noch bemalt. Ihre Farbgebung folgte der Natur des Materials: Je nachdem, ob der Ton vor der Bearbeitung in Salz- oder Süßwasser eingeweicht wurde, nahm er eine weißliche oder rötliche Färbung an. Hergestellt wurden vor allem Amphoren jeglicher Größe. In ihnen bewahrte man sowohl Lebensmittel als auch Kleidung, Aussteuer und Schmuck. Einzige Zierde an diesen Gefäßen waren mitunter Ritzmuster bzw. -zeichnungen, wie man sie an den historischen Stücken im Volkskundemuseum von Houmt Souk sehen kann. Für die Fischer wurden **gargoulettes** produziert, bauchige kleine Gefäße zum Fang von Tintenfischen. Couscousschalen und andere Repräsentationsgegenstände erhielten in späteren Jahrhunderten eine grüne oder gelbe Färbung. Traditionelle djerbische Keramik kann man heute meist nur noch in den eher abseits gelegenen Töpferwerkstätten von Guellala kaufen. ■ B 2, S. 116

GUELLALA – EL-KANTARA (MENINX)

noch Eltern. Ihr Glück wurde freilich überschattet von der Vorhersage einer weisen Frau, die an der Wiege des Neugeborenen prophezeite, es werde durch einen Skorpionbiss umkommen. Vor Sorge außer sich, ließ der Vater das Fort errichten und brachte den Knaben in dessen vermeintlich sicheren, damals noch ständig komplett vom Meer umgebenen Mauern unter. Jeden Tag ruderte er eigenhändig über das Wasser, um dem Prinzen sein Essen zu bringen und einige Stunden mit ihm zu teilen. Eines Tages hatte er einen Klotz frischer Trauben zu den Speisen gelegt. Doch in diesem hatte sich ein Skorpion versteckt. Als der Knabe von den Trauben aß, wurde er gestochen und starb. So hatte sich trotz aller Vorsichtsmaßnahmen sein vorausgesagtes Schicksal erfüllt …

El-Kantara (Meninx)

■ D 3, S. 117

El-Kantara besteht lediglich aus einer Handvoll Bauten; der imposanteste ist die Kaserne. Denn El-Kantara ist neben Ajim einer der beiden Brückenköpfe Djerbas zum Festland – und von dort nach Libyen sind es nur 120 km. In El-Kantara beginnt der 7 km lange, etwa in der Mitte von einer Brücke, die die Durchfahrt kleinerer Schiffe ermöglicht, unterbrochene Straßendamm durch den flachen Golf von Bou Grara, der die Insel mit dem Kontinent verbindet.

Die heutige Straße, die bis in die Oasenstadt Zarzis führt, stammt aus dem Jahre 1951; die Wasserpipeline an ihrem Rand, über die Djerba (besser gesagt, vorwiegend seine rund 100 Touristenhotels an der Küste) jährlich rund zwei Mio. Liter Süßwasser aus dem 120 km entfernten Oued Zeuss erhält, wurde etwa zwei Jahrzehnte später verlegt.

Die Straßenverbindung geht zurück auf einen römischen Dammbau, die

Via Pons Zita. Denn El-Kantara war einst, so wird vermutet, eine bedeutende römische Siedlung. Die genaue Geschichte des Ortes, der früher den Namen Meninx trug, liegt jedoch bis heute im Dunkeln. Möglicherweise hatten schon die Phönizier an dieser Stelle eine ausgedehnte Stadt errichtet. Es heißt, sie hätten hier Färberwerkstätten betrieben, um die Webereierzeugnisse der Insel mit dem aus Murexschnecken gewonnenen Farbstoff Purpur zu tönen. Karawanen brachten die kostbaren Stoffe dann bis weit hinein in die Wüste. Und auch die berühmten Tonwaren von Guellala sollen von Meninx aus verschifft worden sein.

Wie dem auch sei, von dem antiken Meninx sind nur noch bescheidene Reste erhalten. Man findet sie vor allem zwischen der Straße aus Richtung Aghir und der Ostküste. Eine kleine Bodenerhebung markiert den Zugang zu der archäologischen Zone. Mit ein wenig Geduld erkennt man einige Fundament- und Säulenfragmente. Möglicherweise gehörten sie zu einer Basilika. Sogar ein Stück Bodenmosaik ist noch erhalten. Auch eine Grabkammer wurde entdeckt.

Die römische Pons Zita indes, die möglicherweise eine Verbindung zum Emporium Gergis schaffen sollte, dem heutigen Zarzis, und ursprünglich gesäumt war von Wassermühlen, die mit der Kraft der Gezeiten Schafwolle walkten, wurde ein Opfer der Natur: Der Meeresspiegel stieg an und überflutete den Damm. Bei Niedrigwasser nutzten die Karawanen sie allerdings noch als Furt und nannten sie trik el jemel – Kamelstraße. Erst der türkische Pirat Dragut durchbrach den Damm, als seine Flotte vom genuesischen Admiral Andrea Doria in der Bucht von Bou Gara eingeschlossen worden war. Der Strand bei El-Kantara ist bislang noch nicht erschlossen, es existieren jedoch bereits Bebauungspläne.

DJERBAS SÜDEN

Sedouikech ■ D 2, S. 117

Von Guellalas Tonhügel aus sieht man schon den bescheidenen Nachbarort, in dem ebenfalls ein wenig Töpferei betrieben wird. Die Vermarktung erfolgt jedoch in den Geschäften von Guellala. Arbeitsvorführungen für Touristen sind in Sedouikech ebenso unüblich wie das Dekorieren der Ware in den Straßen. Statt Keramik-Verkaufswerkstätten bilden hier Apotheke, Krämer, Getreidemühle, Friseur und Patisserie den Kern des Alltags. Außer am Markttag (Dienstag), wenn Ledersandalen, Matratzen, Keramik, Kleidung, allerlei Gewürze, Schönheitsmittel, Körbe, Strohhüte und andere Utensilien sowohl des täglichen Gebrauchs als auch zu Souvenirzwecken die Hauptstraße und ihre beiden Nebenadern säumen, scheint Sedouikech in tiefem Schlaf versunken. Nur irgendwo im Schatten eines der niedrigen Häuser liegen ein paar Männer, barfuß die meisten und in traditioneller Kleidung, auf dem Boden, den Kopf in die Hand gestützt und vor sich ein Damebrett in den Staub gezeichnet, auf dem mit Dattelkernen und Steinen das Spiel ausgetragen wird.

Etwas zu sehen gibt es allenfalls außerhalb des Ortes: An der Straße nach El-Kantara taucht nach etwa 3 km ein Olivenhain auf. In ihm steht eine offiziell nicht mehr genutzte und daher auch für Nicht-Muslime zugängliche **Moschee**. Schneeweiß stülpt sich ihre Kuppel aus der roten Erde; zum Gebetsraum, der etwa 3 m tief unter dem Erdboden liegt, führt eine schmale Treppe. Kühl und karg empfängt er den Besucher, einziger Schmuck sind die Koranverse an den Wänden. Zusammengerollte Gebetsteppiche zeigen, dass doch noch immer einige Gläubige diese Stätte aufsuchen.

Zarzis ■ F 4, S. 117

15 000 Einwohner

Außer ihrem typischen, modernen tunesischen Alltag hat die etwa 20 km vom Ende des Römerdammes entfernte, seit der Zeit des französischen Protektorats von einem riesigen Olivenhain – dem größten Südtunesiens – umgebene und auf der so genannten **Akkara-Halbinsel** gelegene Oasenstadt Zarzis wenig zu bieten. Sie entwickelte sich erst während der Kolonialzeit im späten 19. Jh., wirkt glanzlos, und selbst an Markttagen fehlt ihr die orientalisch-exotische Atmosphäre von Houmt Souk. Das Bazarviertel ist klein, selten findet man in seinen Läden etwas anderes als die üblichen Souvenirartikel. Von der römischen Siedlung Gergis, die einst an der Stelle von Zarzis blühte, blieb keine noch so winzige Spur. Auch das ottomanische Fort wurde dem Erdboden gleich gemacht; über seinen Fundamenten erhebt sich heute die Große Moschee. Ihr wuchtiges Minarett und der Antennenturm der Post prägen die Stadtsilhouette. Zentrum des Ortes ist die Place de la Jeunesse, von der sternförmig alle wichtigen Straßen abgehen: die Avenue Mohammed V in Richtung Hotelzone und Djerba, die Avenue Farhat Hachet in Richtung Médenine und die Rue Hedi Chaker zur Place du 7 Novembre, über die man zum neuen Hafen gelangt. Er liegt rund 1 km südlich vom Zentrum.

Die Bewohner von Zarzis leben traditionell hauptsächlich von der Fischerei (Garnelen und Zackenbarsche) sowie von der Schwammtaucherei, wobei Letztere wie in Ajim weiter rückläufig ist. Dafür wurden kürzlich Ölquellen entdeckt. Die in der Region weit verbreitete Dattelpalme spielt wirtschaftlich keine Rolle, da die Früchte dieser Sorte von minderer Qualität sind und nur als Tierfutter verwendet werden können.

SEDOUIKECH – ZARZIS

Oben: Das Oasenstädtchen Zarzis präsentiert sich eher modern denn orientalisch.

Mitte: Geheimnisvolle römische Ruinen ... Die Geschichte der einst bedeutenden Siedlung Meninx ist noch völlig ungeklärt (→ S. 65).

Unten: Beim Spiel mit Dattelkernen vergeht die Zeit im verschlafenen Weiler Sedouikech vielleicht ein wenig schneller ...

DJERBAS SÜDEN

Neue Einkommensquellen erschloss den Zarzi die Einrichtung einer Freihandelszone sowie der Fremdenverkehr. Im Norden der eigentlichen Stadt, etwa 4 km vom Zentrum, wurde an der breiten, sandigen Küste mit der Anlage einer Hotelzone begonnen. Sie erstreckt sich insgesamt über eine Länge von etwa 10 km, wird über den Flughafen Djerba Melitta bedient und umfasst bislang lediglich ein Dutzend Unterkünfte. Einige dieser großzügigen Hotel- und Clubanlagen, die sich langsam aber stetig vermehren, profitieren von den **Thermalquellen**, die man bei Brunnenbohrungen entdeckte. Dank dieser neuen Brunnen erfuhr der bescheidene Ackerbau neue Impulse.

Ursprünglich siedelten in der Region von Zarzis nur einige Halbnomaden vom Stamme der Akkara. Anders als die Djerbi lebten sie jedoch nicht in Einzelgehöften, sondern in kleinen, oasenähnlichen Dörfern. Am nördlichen Ende der Touristenzone – dort, wo die neue Straße, die alle Hotelkomplexe berührt, sich nach Westen, zurück zur Hauptstraße MC 117 wendet – liegt eine aus solch einem Akkara-Dorf hervorgegangene Siedlung: **Hassi Djerbi**. Das Straßendorf **Soujhel** indes entstand mit dem Bau der Touristenzone.

Hotels/andere Unterkünfte

Amira
Privates Strandhotelchen, dessen Eigentümer perfekt Deutsch spricht. Auf dem Grundstück gibt es auch Stellplätze für Wohnmobile. Restaurant.
An der Route Touristique, ca. 4 km nördlich von Zarzis; Tel. 05 68 01 88; 12 Zimmer; ganzjährig geöffnet ★

Giktis
Vor sechs Jahren fertig gestellte Anlage mit dreigeschossigem Zentralbau. Thermalhallenbad, Pool, verschiedene Restaurants und Bars, Läden, Friseur, Tennis, Disco, Wassersport, Animation.
An der Route Touristique, ca. 12 km nördlich von Zarzis; Tel. 05 70 58 00, Fax 05 70 50 02; 190 Zimmer; ganzjährig geöffnet ★ ★ ★ EURO VISA

Nozha
Modernes kleines Strandhotel mit gutem Restaurant.
An der Route Touristique, ca. 3 km nördlich von Zarzis; Tel. 05 69 45 93, Fax 05 69 43 35; 15 Zimmer; ganzjährig geöffnet ★

Oamarit
Großzügiges Bungalow-Hotel mit Hallenbad, zwei Pools, Sauna, Disco, Kinderspielplatz, A-la-carte-Restaurant und Sport total.
An der Route Touristique, ca. 13 km nördlich von Zarzis; Tel. 05 70 57 70, Fax 05 70 56 85; E-Mail: oamarit@gnet.tn; 380 Zimmer; ganzjährig geöffnet ★ ★ ★ EURO VISA

Odyssee
Neues Luxushotel in einem Palmenhain direkt am Meer. Großzügiges Thalassocenter, zwei Spezialitätenrestaurants, Sauna, Hammam, Kinderclub sowie eine Vielfalt von Sport- und Freizeitmöglichkeiten.
An der Route Touristique, ca. 13 km nördlich von Zarzis; Tel. 05 70 51 24, Fax 05 70 56 34; 340 Zimmer, davon 25 Suiten; ganzjährig geöffnet ★ ★ ★ ★ AmEx DINERS EURO VISA

Sangho Club
Weitläufige, schöne Anlage im maurischen Architekturstil inmitten eines üppigen Gartens. Zweigeschossiges Haupthaus und Bungalows, Bank, Boutiquen, verschiedene gastronomische Einrichtungen, großes Sportangebot, Disco, Animation.
An der Route Touristique, ca. 10 km nördlich von Zarzis; Tel. 05 70 51 24, Fax 70 57 15; 365 Zimmer; ganzjährig geöffnet ★ ★ ★ VISA EURO

Zarzis
Größere Anlage mit mehreren flachen architektonischen Flügeln; Thermalpool, Sauna, Tennis, Surfen, Radverleih, Pizzeria, maurisches Café.
An der Route Touristique, ca. 5 km nördlich von Zarzis; Tel. 05 68 01 60, Fax 05 68 01 62; 300 Zimmer; ganzjährig geöffnet ★ ★ ★
EURO VISA

Zephir
Clubanlage mit weitgehend zweistöckiger Bebauung und kleinem Thermalhallenbad. Pool, Boutiquen, Reit- und Wassersportmöglichkeiten, Pizzeria, Snackbar, maurisches Café.
An der Route Touristique, ca. 4 km nördlich von Zarzis; Tel. 05 69 40 27, Fax 05 69 40 26; 326 Zimmer; ganzjährig geöffnet ★ ★
VISA

Ziha
Gut ausgestattetes, intimes Haus, zugleich am Strand und stadtnah. Kleiner Pool.
An der Route Touristique, ca. 3 km nördlich von Zarzis; Tel. 05 68 13 04; 25 Zimmer; ganzjährig geöffnet ★

Museen

La Grotte
Liebevoll von einem Privatmann restaurierte historische Ölmühle.
An der Route Touristique zwischen Stadt und Hotelzone; Öffnungszeiten unregelmäßig

Essen und Trinken

In der Stadt
Tunisien
Sauberes und billiges, von Einheimischen gern besuchtes Lokal mit einer Reihe von Standardgerichten.
Av. Farhat Hached, gegenüber von ONAT

Zarzis
Couscous und andere tunesische Speisen zu vernünftigen Preisen.
Av. Farhat Hached

Weitere kleine Restaurants liegen um die Place du 7 Novembre.

In der Hotelzone
Abou Nawas
Eines der besten Restaurants in der Hotelzone. Große Auswahl an Fisch und Meeresfrüchten.
An der Route Touristique; Tel. 05 68 05 83

Le Pirat
Tunesische Spezialitäten gepaart mit internationaler Küche.
An der Route Touristique, auf Höhe des Hotel Zarzis

Nohza
Bei Einheimischen beliebtes Restaurant im gleichnamigen Hotel.
An der Route Touristique, ca. 3 km nördlich von Zarzis; Tel. 05 69 45 93

Pacha
Großzügiges Ambiente, in dem eine große Auswahl sowohl tunesischer als auch internationaler Speisen serviert wird.
An der Route Touristique, nördlich vom Restaurant Le Pirat

Service

Auskunft
Touristeninformation
ONTT, Route Touristique; Tel. 05 69 24 86

Busbahnhof
Südlich des Zentrums in Hafennähe; Tel. 05 68 34 00. Im Sommer regelmäßige Busverbindungen von/nach Houmt Souk (ca. 6mal am Tag zwischen 8.30 und 17.30 Uhr)

Krankenhaus
Tel. 05 69 43 02

Polizei
Route Touristique; Tel. 05 69 40 17

Taxi
Tel. 05 69 04 14

Extra: Djerba mit Kindern

Was tun, wenn es den Sprösslingen trotz Schaufel und Förmchen zu langweilig wird? Viele der großen Hotels haben hier inzwischen vorgesorgt und auf ihrem Areal abwechslungsreiche Spielplätze angelegt – mit Rutschen, Wippen und anderen Gerätschaften, an denen die Kinder ihren Bewegungsdrang austoben können. Außerdem werden oft verschiedene Aktivitäten angeboten wie Malen, Schminken etc., und mitunter stehen auch Leihfahrräder für Kinder zur Verfügung, so dass die Familie gemeinsam per Drahtesel die Insel erobern kann. Kindersitze für Erwachsenenfahrräder können gemietet werden. In den Sommermonaten verkehrt im Bereich der Touristenzone eine blau-weiße Bimmelbahn. Eine Fahrt mit ihr macht dem Nachwuchs sicherlich Vergnügen.

Zu einigen Hotels gehören Reitställe, die auch Ponys und/oder Dromedare besitzen, auf denen die Kids ein paar Runden drehen können. Ansonsten hält sich das Unterhaltungsangebot für den Nachwuchs noch in Grenzen. Große Augen bekommen die Kleinen allenfalls in Midoun: Das örtliche Fremdenverkehrsamt organisiert hier jeden Dienstagnachmittag ein aufwendiges Folklorespektakel, das mit der Darstellung einer Berberhochzeit beginnt und mit einer **Fantasia**, einer akrobatischen Reitervorführung, endet (→ S. 44).

Sandburgen bauen, im seichten warmen Wasser plantschen, neugierig in die Netze der Fischer schauen – schöne Ferien auch für die Kleinen!

Kinderfreundliche Hotels

Coralia Club Palm Beach Djerba
■ D 1, S. 117
Zweistöckige Ferienanlage am Strand mit farbenfroh ausgestatteten Zimmern, teilweise mit Verbindungstüre. Die Kleinen schlummern in Etagenbetten, im Bad gibt es zwei (!) Duschen. Tagsüber wird der Nachwuchs im Baboo-Village betreut. Zu diesem Mini-Dorf gehören eine Farm mit Maultier, Dromedar, Ziegen etc. sowie Pflanzbeete. Babys können in der »Biberonnerie« betreut werden, Ältere vergnügen sich beim Bogenschießen oder in der Zirkusschule. Baboo, das Maskottchen der Anlage, taucht immer wieder in Lebensgröße auf; über Stufenpodeste können seine kleinen Gäste an der Bar ihren Kindercocktail bestellen.
Sidi Mahrès; Tel. 05 75 74 04,
Fax 05 75 75 80; 293 Zimmer ★★★
EURO VISA

Hier kommen auch kleine Leute ganz groß raus: Die Baboo-Farm im Coralia Club Palm Beach begeistert nicht nur Nachwuchsreiterinnen.

Club Mediterranée La Nomade
■ E 1, S. 117
Einfache Strand-Ferienanlage mit mehreren zweistöckigen Wohngebäuden im arabischen Stil und einem neuen Nebengebäude (Méridiana). Zimmer und Bäder bieten nur wenig Raum und Komfort. Umso großzügiger ist die Pool-Anlage mit separatem Kinderbecken. Animateure sorgen fast den ganzen Tag für Unterhaltung. Für die Kleinsten gibt es den Clubkindergarten mit vielen Spielangeboten, größere Kinder können zum Beispiel auf einer eigenen Bühne ihre Gesangskünste erproben (→ S. 51).
Sidi Mahrès; Tel. 05 74 65 65,
Fax 05 74 59 39; 558 Zimmer ★★
EURO VISA

Miramar Djerba Palace ■ D 1, S. 117
Aus dem großen Aquapark dieses Strandhotels der gehobenen Kategorie werden Sie die Kleinen nicht so schnell wieder herausbekommen; das Innere des Hauses ist allerdings ziemlich kühl, aber die Gestaltung großzügig, und es gibt ansehnliche Kinderermäßigungen.
Sidi Mahrès; Tel. 05 65 77 63; Fax 05 65 76 35; E-Mail: miramar.djerba@planet.tn; 486 Zimmer ★★★ AmEx DINERS EURO VISA

Sehenswertes für Kinder

Bah-Bah Freizeitpark ■ C 1, S. 116
Autoscooter, Karussells, ein Minizug und ein Saal mit Videogames drängen sich auf dem kleinen Stadtareal.
Houmt Souk, rue du 20 Mars; tgl. 10 Uhr bis Sonnenuntergang; Eintritt frei, Einzelattraktionen ab 200 Millimes

**Musée du Patrimoine/
Heimatmuseum** ■ C 2, S. 116
Traditioneller Djerbi-Alltag und Handwerkskünste, dargestellt in verschiedenen Themenszenen durch lebensgroße Figuren.
Guellala, an der Straße zu den Tonhöhlen; tgl. 8–24 Uhr; Eintritt 5 tD, Kinder 2,5 tD

71

Extra: Sport und Strände

Das Angebot auf Djerba in Sachen Wassersport hat weitaus bescheidenere Ausmaße als auf anderen Ferieninseln wie etwa den Kanaren oder den Balearen. Es beschränkt sich zudem meist auf die großen Hotels. Aber immerhin kann der Besucher des Lotophagen-Eilands an einigen Strandstellen Surf- oder Segelunterricht nehmen bzw. seine Kenntnisse in diesen Sportarten vertiefen. Mit bunten Paraglidern kann er sich, gezogen von einem Motorboot, über die Meereswellen aufschwingen, und PS-starke Barken machen auch Wasserski möglich. Außerdem werden mitunter Tretboote verliehen.

Am Wasser hat sich auch auf Djerba mit den Jahren eine vielfältige Freizeitindustrie entwickelt, die sogar bis in die Lüfte reicht.

Eine andere Art, das Meer zu genießen, ist die Thalassotherapie. Die Anwendungen mit Salzwasser und Algenprodukten werden inzwischen in gut einem halben Dutzend Zentren auf Djerba sowie in einem in Zarzis angeboten. Alle diese Wellness-Oasen sind jeweils einem der großen Ferienhotels angeschlossen, aber für jedermann zugänglich.

Flach und weitgehend verkehrsarm, wäre Djerba eigentlich ein ideales Ziel für Radler. Allerdings gibt es keinerlei Kartenmaterial, viele Nebenstraße gehen unmittelbar in Sandpisten über, und die Leihräder sind nicht immer im besten Zustand. Neueste Attraktion für Reifenfreaks sind daher die Quads, bullige Vierradmotorräder, mit denen man gut über losen Untergrund fahren kann.

Pferden macht ein solcher ebenfalls wenig aus, daher haben viele Hotels Reitställe angegliedert. Außerdem verfügt fast jede größere Ferienanlage über Tennisplätze – und wer unbedingt golfen will, findet auch auf dem wasserarmen Djerba ein Green. Innerhalb der Hotels bzw. Clubs werden zudem Aktivitäten wie Aerobic, Bogenschießen, Tischtennis, Volleyball und Baseball oder American Football angeboten; oft sind sie bereits im Aufenthaltspreis enthalten (All-inclusive).

Bootstouren

Agentur Aquaplanet ■ D 1, S. 117
Midoun; Tel. 05 75 74 40

Piratentour
→ S. 78

Für Überflieger: Wem Wasser, Sand und Sonne nicht genügen, der kann sich an Djerbas Stränden auch in die Lüfte erheben.

Fahrrad fahren/Wandern

Es gibt nur eine einzige wirkliche Anhöhe auf Djerba, ansonsten verlaufen alle Straßen und Wege nahezu eben. In drei, vier Stunden ist man zu Fuß bereits weit ins Herz der Insel vorgedrungen. Mit dem Fahrrad kommt man auf den geteerten Straßen gut voran, schwerer tut man sich auf den Pisten, denn Mountainbikes werden noch selten vermietet. Leihfahrräder u. a. bei **Rais,** Av. Abdel Hamid el-Khadi in Houmt Souk (Tel. 05 65 00 83) sowie in der Hotelzone z. B. bei **Evasion** an der Route Touristique (Tel. 05 60 20 62/63); Mietpreis circa 8 tD für den halben Tag, ganzer Tag 15 tD.

Golf

Der 1994 eröffnete, von dem Engländer Marin Hawtree konzipierte 27-Loch-Platz liegt in der Zone Touristique, in einem hügeligen Palmengelände zwischen Meer und Dattelhain. Er verbindet eine 18-Loch »Championship«-Anlage (6130 m, Par 73) mit einem 9-Loch-Platz (2005 m, Par 31), und sein Clubhaus ist im maurischen Stil erbaut. Es gibt einen Putting Green, Ausrüstung kann entliehen werden (Tel. 05 65 90 54).

Hammam

In Houmt Souk an der Av. Habib Bourguiba (neben dem ONAT-Geschäft), vor dem Vergnügungspark Babah an der Zaouia Sidi Brahim, in Midoun an der Av. Salah Ben Youssef neben dem Café de l'Ile.
→ MERIAN-Tipp S. 48

Paragliden

Angeboten u. a. in den Hotels Abou Nawas Golf Djerba (Tel. 05 74 69 10), Djerba Holiday Beach (Tel. 05 75 81 77), Palm Djerba (Tel. 05 65 78 30).

Extra: Sport und Strände

Quads

Quads sind Vierradmotorräder mit großen Ballonreifen, die sehr geländegängig sind und mit denen man mühelos auch über Sand, kleine Hügel und Dünen fahren kann. Auf den meist unasphaltierten Nebensträßchen und Dorfwegen eine gute Fortbewegungsmöglichkeit. Verleiher:
El Baraka; Tel. 05 75 02 85, oder Evasion (Fahrradfahren/Wandern); Kostenpunkt ca. 25 tD pro Stunde, 2 Stunden 40 tD; Mindestalter 18 Jahre; Ausflüge nur mit Guide.

Reiten

Angebote u. a. in den Hotels Abou Nawas (Tel. 05746910), Carribean Village Cedria (Tel. 05 65 85 55), Club Mediterranée La Nomade (Tel. 05 74 65 65), Dar Djerba (Tel. 05 74 51 91), Dar Midoun (Tel. 05 65 81 68), Djerba Holiday Beach (Tel. 05 75 81 77), Marina Beach (Tel. 05 74 74 00), Quatre Saisons (Tel. 05 65 85 80), Rym Beach (Tel. 05 74 56 14), Yati Beach Club (Tel. 05 65 86 50).

Schnorcheln

Angeboten u. a. in den Hotels Club Med La Fidèle (Tel. 05 65 70 27) und Golf Beach (Tel. 05 60 02 54).

Surfen, Segeln, Wasserski

Angeboten u. a. in den Hotels Aladin (Tel. 05 65 81 80, mit Surfschule), Club Aldiana (Tel. 05 74 55 00), Club Calimera (Tel. 05 65 73 14), Club Med La Douce (Tel. 05 65 81 55), Club Med La Fidèle (Tel. 05 65 70 27), Club Med La Nomade (Tel. 05 74 65 65), Robinson Club (Tel. 05 65 76 22, Segel- und Surfkurse), Rym Beach (Tel. 05 74 56 14). Private Segelyachten können in der kleinen Marina (10 Plätze) im Hafen von Houmt Souk anlegen, die bald erweitert werden soll.

Thalasso

Hotel Athénée Palace (Tel. 05 75 76 10), Bravo Club Marina Beach (Tel. 05 60 25 20), Club Mediterranée La Nomade (Tel. 05 74 65 65), Hotel Dar Jerba (Tel. 05 65 71 91), Hotel Hasdrubal Thalassa (Tel. 05 65 76 50), Hotel Miramar Djerba Palace (Tel. 05 65 86 00), Hotel Quatre Saisons (Tel. 05 65 85 80), Hotel Yadis (Tel. 05 65 82 35).

Strände

Wer über einen Mietwagen verfügt oder über eine gute Biker-Kondition, findet einsame Strände an der Westküste der Insel (bei der Moschee von Sidi Djimour südlich des Bordj Djillidj; erreichbar nur über eine Piste), um Aghir und am Römerdamm bei El Kantara. Wenig besucht ist nach wie vor auch der Strand an der Lagune Sidi Garous, hinter dem Hotel Sangho Village.

Auf dem Rücken der Wüstenschiffe am Meer entlang spazieren – ein unvergessliches Urlaubsvergnügen für die ganze Familie.

Ile des Flamants ■ D 1, S. 116

Nur bei Flut ist die Flamingo-Insel, die gut 4 km vor Houmt Souk im Meer liegt, ein wirkliches Eiland. Bei Ebbe erweist sie sich als Spitze einer Landzunge in Verlängerung der Plage Sidi Mahrès. Wer gut zu Fuß ist, kann sie daher von der Hotelzone aus erwandern. Ein feines Sandband und flache Dünen prägen ihren Charakter. Am Südufer der Spitze ankern die Ausflugsschiffe; daher stehen dort auch einfache Picknickhütten. Eine Stichstraße führt von der Route Touristique etwa zur Mitte der »Insel«.

Plage Séguia ■ E 2, S. 117

An der Südostküste Djerbas erstreckt sich über etwa 6 km der zum Teil von Palmen bestandene, etwas steinigere Séguia-Strand. Er reicht bis kurz vor das Dorf Aghir. Bislang steht hier nur ein Großhotel, ansonsten breiten sich auf dem Abschnitt zwei Dörfer des Club Med und eine Handvoll kleinerer Herbergen aus.

Sidi Mahrès ■ D 1, S. 117

Im Nordosten der Insel, etwa 10 km außerhalb von Houmt Souk, beginnt der feinsandige, nur von wenigen felsigen Partien unterbrochene Strand von Sidi Mahrès. Mitunter fast 50 m breit und weitgehend baum-, das heißt schattenlos, zieht er sich bis zum Leuchtturm am Ras Tourgueness. Hier beginnt die Lagune von Sidi Garous mit ihrer schmalen, gut 4 km langen Landzunge. Der nördliche und nordöstliche Küstenabschnitt Djerbas, zusammen etwa 20 km, ist der am dichtesten und frühesten für touristische Zwecke bebaute. Hier finden sich auch die Hotels und Clubanlagen mit den umfangreichsten Wassersport- und Freizeitangeboten sowie zahlreiche Snack- und Souvenirbuden. Lediglich an zwei oder drei Stellen gibt es hier noch einen Zugang zu einem Stück öffentlichen Strandes.

Routen und Touren

Ob per Boot, zu Fuß, auf dem Pferderücken oder mit dem Fahrrad – es gibt vielerlei Arten, Djerba zu entdecken. Auch die nahe Wüste und die Bergoasen sind ein verlockendes Ziel.

Das verlassene Oasendorf Alt-Tamerza, von Regenfluten zerstört, liegt inmitten einer karstigen Hügelwelt – eine beliebte Filmkulisse (→ S. 94).

MIT DEM BOOT

Piratenfahrt zur Flamingo-Insel

Tickets gibt es direkt am Hafen oder in den Hotels; der Preis beträgt etwa 25 tD inklusive Transfer, bei Eigenanfahrt und Individualbuchung wird es günstiger.

Djerba vom Wasser aus zu erkunden ist nicht ganz einfach, denn es ist von einem Ring aus Sandbänken umgeben. Mit einer organisierten Bootstour erhält man dennoch ein wenig Meeresfeeling. Wären da nicht das moderne Glasbodenboot und die schnittige Yacht mit australischer Flagge, könnte man glauben, im Hafen von Houmt Souk in ein anderes Jahrhundert geraten zu sein: Behäbig schaukeln in dem kleinen Hafenbecken neben den Fischerbooten eine Handvoll großer hölzerner Schiffe, wie man sie nur von historischen Gemälden oder aus Piratenfilmen kennt. Tatsächlich empfängt auf einem von ihnen sogar eine abenteuerliche Gestalt mit Hakenhand und Augenklappe die Ausflügler: gestatten – Captain Hook! Auch seine Mannschaft ist entsprechend gekleidet, mit Kopftüchern und breit gegürteten Pluderhosen.

Es gibt verschiedene Anbieter der Tour; eines der Schiffe heißt »Albatros«.

Eine nach der anderen tuckern die Karavellen hinaus in das offene türkisfarbene Gewässer – rudern muss niemand mehr, um bis unter den Wind zu gelangen. Langsam bleiben die neuen Marinabauten und das massige Fort Gazhi Mustapha zurück. Wer den Blick indes vorwärts oder seitwärts richtet, sieht nichts als die blaugrüne See. Irgendwo hier könnten einst die »verderblichen Winde« die Segel des Odysseus gebläht haben, bis dieser schließlich nach neuntägiger Fahrt über das fischreiche Meer am Land der Lotos-Esser anlegte, wo drei seiner Gefährten, die er ausgeschickt hatte, das Land zu erkunden, nach dem Genuss einer honigsüßen Frucht weder Kunde zurückbrachten noch an Rückkehr dachten, wie es im neunten Vers der berühmten griechischen Dichtung heißt.

Bild S. 79:
Mit Captain Hook auf Piratentour: Beim Ausflug auf die Flamingo-Insel geht es abenteuerlich zu. Fotoapparat nicht vergessen!

Zur Rechten und zur Linken der Reling erkennt man mühelos das Leben auf dem Meeresgrund – denn die Wassertiefe vor Houmt Souk beträgt über eine Distanz von fast zehn Kilometern gerade mal fünf Meter. Damit die Schiffe nicht das Schicksal vieler ihrer Vorgänger erleiden, die in den Un-

MIT DEM BOOT

MIT DEM BOOT

Beim Samstagstrip erwartet die Gäste noch etwas Besonderes: Sie müssen einen vergrabenen Schatz finden!

tiefen strandeten, wurde eine mehr als 20 Kilometer lange Fahrrinne ausgebaggert, an deren Ende zwischen Kiel und Meeresboden schließlich immerhin 20 Meter Wasser liegen. An diesem Punkt beginnt auch das Revier der Delfine. Als silbrig schimmernder Bogen wölbt sich ihr Rücken aus den Fluten – da, dort, noch einer und noch einer. Die eleganten Meeressäuger lieben das Spiel mit den Karavellen, die im großen Kreis ihren Tummelplatz umstellen. Irgendwann sind jedoch beide Parteien des Schauspiels müde, und Kapitän Hook nimmt Kurs auf die Flamingo-Insel.

Setzt die Segel, lautet nun das Kommando, und schon turnt die Mannschaft flink herum in der Takelage – ein kleiner Vorgeschmack auf das Rückfahrtprogramm mit artistischen Darbietungen hoch über den Köpfen der Passagiere. Unter fröhlichen Gesängen und fortwährendem Klicken der Kameraauslöser nähert sich das Schiff der langen Sandzunge. Rasch ist es an einem der Anlegestege vertäut: Ein jeder Anbieter des Trips hat seinen eigenen Ankerplatz. Und eine große Palmblatthütte am schattenlosen Sandstrand, in der das Mittagessen aufgetischt wird. Zuvor bleibt allerdings genügend Zeit für ein Bad im Meer oder in der Sonne. Wer mag, kann mit einem Mannschaftsmitglied auch einen Wattspaziergang machen – und helfen, Krebse, Muscheln, Austern und andere Schalentiere zu suchen. Bizarr sind ihre Formen, unbekannt die Namen – doch manche von ihnen schmecken später vom Grill ganz ausgezeichnet. Wie die kleinen silbrigen Fische, die auf die Hand serviert werden, bevor es bergeweise Spaghetti gibt und Salat aus Zwiebeln und Tomaten oder ein Couscous. Zum Dessert erwarten die Ausflügler Folklore, Sketche oder noch einmal ein Strandausflug. Auf der Rückfahrt steht vielleicht noch ein Schwimm-Stopp auf dem Programm – je nach Wassertemperatur bzw. Wetterlage. Am frühen Nachmittag steuert Captain Hook seinen Dreimaster dann wieder über die Fahrrinne in den Hafen von Houmt Souk hinein.

Action und Spaß für alle: Die Crew veranstaltet während der Fahrt ein Schaufischen nach alter Netztechnik, und Kinder können sich im Piratenlook schminken lassen.

Dauer: ca. 5 Std. (10–15 Uhr) ohne Transfer zum Hafen;
Karte: S. 116, 117

MIT DEM FAHRRAD

Palmen und Zitrusfrüchte – Djerbas Gartenregion

In Form einer Acht führt diese Tour durch die Region der Gärten und Berbergehöfte im Inselinneren mit herrlichen alten Brunnen, Zisternen, Ölmühlen und Webereien. Wichtig für diesen Ausflug ist ein Fahrrad mit breiten Reifen bzw. ein Mountainbike, denn ein Großteil der Strecke führt über Sandpisten. Da es unterwegs kaum Einkehrmöglichkeiten gibt, sollte man auch etwas Proviant mitnehmen, außerdem Wasser, Sonnencreme und Kopfbedeckung. Los geht es am Hauptverkehrskreisel von **Midoun**, an der Place Meninx.

Mit etwas Glück können Sie unterwegs einen Blick in eine Weberei werfen.

Biegen Sie am Café Rossignol in die Avenue Salah Ben Youssef ein. Noch bevor diese auf die Avenue Ali Belhouane trifft, nehmen Sie die nach rechts abzweigende Piste. An der folgenden Wegkreuzung wählen Sie die linke Piste, sie führt an einer weiß gekalkten Mauer entlang. Bald stoßen Sie auf eine große Zisterne und zwei Brunnen. Dahinter verzweigt sich der Weg erneut, halten Sie sich ganz rechts.

Traditionelle Wohnform: Landwirtschaftliche Einzelgehöfte, »menzel«, sind das Herzstück der Kulturlandschaft Djerbas.

MIT DEM FAHRRAD

Bis Sie auf die Straße Khasroun-Houmt Souk stoßen, verläuft die Piste eben geradeaus. Links und rechts zweigen insgesamt vier Wege zu typischen Berbergehöften ab, die mit ihren dicken Mauern und Dachausgucken wie kleine Festungen wirken und inmitten von Nutzgärten liegen. Beachten Sie, dass das Privateigentum der Bauern direkt an der Wegeinmündung beginnt und nicht etwa erst vor dem Haus!

Sobald Sie die Asphaltstraße erreicht haben, wenden Sie sich nach links ins Zentrum von **Khasroun**. Hinter der Moschee an dem kleinen Platz mit dem Olivenbaum entdecken Sie den typischen überkuppelten, halb in der Erde versteckten Bau einer Ölmühle. Wenige Meter weiter liegt ein kleines Atelier, in dem noch Hüte aus Palmstroh und Couscousdeckel geflochten werden.

Die Ölbaum-Kultivierung auf Djerba wurde vermutlich bereits in römischer Zeit gepflegt.

Verlassen Sie den Ort jedoch in entgegengesetzter Richtung, vorbei an dem Krämerladen und einer Zisterne. Die beiden in rascher Folge nach rechts abzweigenden Pisten lassen Sie unbeachtet; Sie radeln einfach geradeaus weiter durch eine herrliche Gartenlandschaft mit Obstbäumen und Palmen.

Der Duft von Zitronen- und Orangen umgibt Sie, nachdem Sie die Piste in Richtung Midoun gequert haben. Schon bald erreichen Sie den Ortskern von **Mahboubine** mit seiner an die Hagia Sophia in Istanbul erinnernden Moschee, Café und Krämerladen. Schlagen Sie nun die östliche Richtung ein und folgen Sie der Asphaltstraße Richtung Midoun. Sie passieren einen **marabout** und ein altes Speicherhaus, sehen rechts die typischen Dreiecksgiebel einer traditionellen Weberei und mehrere **menzel**.

Die Moschee Jemaa El Kateb wurde Ende des 19. Jh. errichtet.

An der zweiten Weberei biegen Sie nach rechts ein, auf die Piste gen Süden. Zwei weitere Webereigebäude liegen rechts an der Strecke, ebenso zwei schöne **menzel**. An der Pistenkreuzung mit dem Stromzähler müssen Sie sich nach links halten.

Der Weg führt nun über rund 2,5 Kilometer durch Olivenhaine. Während der Erntezeit im November sieht man hier noch viele Frauen in den

Mit dem Fahrrad

farbenfrohen Trachten Südtunesiens, denn ein Großteil der Bevölkerung in diesem Gebiet ist aus Tatouine zugewandert.

Den Kreuzungspunkt der Piste mit der Straße Midoun-Aghir markiert eine Moschee. Fahren Sie auf der Piste etwa 700 Meter weiter geradeaus, bis eine zweite Piste quert. An dieser Stelle liegt links ein kleiner Laden, der zu dem Dorf **Arkou** gehört, in dem noch ein Großteil von Gougou lebt, d. h. Nachkommen schwarzer Sklaven; geradeaus eine Ölmühle. Biegen Sie an dem Lädchen links ein. Auf der rechten Seite lohnen ein **marabout** und ein Dreschplatz einen Blick.

Als »marabout« bezeichnet man einen islamischen Heiligen, der meist in ländlichen Gebieten wirkt. Auch die Grabstätten dieser frommen Männer tragen den Namen marabout.

In loser Folge säumen nun Gehöfte, Zisternen und Brunnen die weitere Strecke. Auch eine Viehtränke mit schönen Gewölben können Sie sehen; dahinter, etwa auf der Höhe der Palmen, wird der Weg sehr sandig. Bis zur Einmündung der Piste auf die Straße Midoun-El Hdada fahren Sie noch etwa einen Kilometer; eine große Zisterne markiert den Punkt. Über die Asphaltstraße gelangen Sie links wieder ins Zentrum von Midoun, wo der Ausflug begonnen hat.

Die Gewässer rund um die Insel sind seicht, warm und voller Nährstoffe, deshalb auch außergewöhnlich fischreich.

Dauer: Halbtagesausflug; **Karte**: S. 116, 117

83

MIT DEM FAHRRAD UND ZU FUSS

Die einsame Westküste

Diese Tour führt ausnahmslos auf Pisten entlang nahezu unberührter Küsten- und Strandlandschaften zur Westspitze der Insel und von dort zum Fährhafen im Süden.

Vergessen Sie nicht, Proviant, Wasser und Sonnenschutz mitzunehmen!

Starten Sie möglichst frühmorgens, sonst könnte es zu heiß werden unterwegs. Nach starken Regenfällen sind die Pisten meist ausgeschwemmt und nicht befahrbar. Voraussetzung ist aber auch bei Trockenheit ein geländegängiges Rad – und gute Kondition. Die Route führt durch weitgehend unbesiedeltes Gebiet; man sollte aber auf streunende Hunde achten.

Ausgangspunkt ist am Hafen von **Houmt Souk**. Die ersten Strahlen der Morgensonne lassen die hier aufgetürmten Amphoren für den Tintenfischfang rotgolden leuchten. Auf den bunt gestrichenen Fischerbooten herrscht schon geschäftiges Treiben, der nächtliche Fang wird ausgeladen. In der kleinen Fischmarkthalle stehen die potenziellen Käufer um die Plastikkisten mit frischen Brassen, Barschen und Barben; sie gestikulieren, fragen, bieten einen Preis. Vor der Tür warten bereits ihre Kastenwagen und Pickups. Im Café du Golfe Port dampft schon der Tee und Kaffee in den Tassen, nur die großen hölzernen Fregatten, mit denen die Touristen zur Ile des Flamants geschippert werden, liegen noch still und mannschaftslos vor Anker.

Auf dem libyschen Markt wird von der Unterwäsche bis zu getrockneten Bohnen alles angeboten – die Atmosphäre lohnt einen Besuch.

Neben dem Restaurant Haroun führt eine Piste in westlicher Richtung. Donnerstags ist sie auf dem ersten Kilometer gesäumt von den improvisierten Ständen des libyschen Marktes. Das ummauerte Geviert auf der rechten Seite birgt den Viehmarkt.

Danach wird es still, die Piste folgt der Küstenlinie. Brachlandschaften und einige wilde Müllkippen liegen zur Linken, rechts leuchtet aber türkisblau das Meer. Bald taucht am Horizont die Silhouette des weißen, auf den Ruinen einer osmanischen Festung errichteten **Leuchtturms Bordj Djillidj** auf.

MIT DEM FAHRRAD UND ZU FUSS

Am kleinen Fischerhafen dahinter kann man die charakteristischen Palmzweigspaliere im Wasser sehen, die zum Fischfang dienen, und wieder eine Reihe von Tongefäßen für den Tintenfischfang.

Nun geht es zurück bis zur Asphaltstraße, von der nach knapp 500 Metern die Piste nach Süden abzweigt. Feiner Sand wirbelt unter den Reifen, aber schon bald wird die Wüste fruchtbar, und die ersten Dattelpalmen recken ihre Blätterkronen in den Himmel. Etwa nach drei Kilometern zweigt nach rechts ein schmaler Weg zur Küste ab. Fels- und Sandabschnitte reihen sich an ihr in loser Folge – ein einsames Badeparadies.

Wussten Sie, dass Dattelpalmen Temperaturschwankungen von -15 °C bis +50 °C vertragen und selbst auf extrem salzhaltigen Böden gedeihen?

Zurück auf der Piste entdeckt man in der Landschaft nun einige kleine **marabouts**. Die weißen Kuppelbauten gehörten einst zum Verteidigungssystem der Insel; nun stehen sie leer. Nächster Angelpunkt für das Auge ist ein Olivenhain, durchsetzt mit Eukalyptus und Oleander. In ihm steht die **Moschee Sidi Djemour**. Da sie schon lange nicht mehr als Gebetsstätte genutzt wird, darf man sich in ihrem Schatten ruhig ein Päuschen gönnen.

Hinter der Moschee öffnet sich die Plage Sidi Djemour mit einem kleinen Fischerhafen.

Weiter geht es nun entlang der Flachküste mit ihren Salztonsenken und Muschelbänken; in den Wintermonaten stolzieren hier oft Flamingos umher. Kakteenfelsen prägen die letzten Kilometer vor der Ankunft in **Ajim**, wo die Piste in die Straße zum Fährhafen mündet. Sonntags gelangt man mitten in das Marktgeschehen des Ortes.

Ajim ist weithin als Zentrum der Schwammfischerei bekannt. Es gibt sogar einen eigenen Markt für die »tirbes«, der alljährlich im Juli stattfindet.

Um die verbrauchten Kalorien wieder zuzuführen, genügt ein Schlenker von der Place du 7 Novembre in das Gässchen Rue Sliman Jidaouni zu Füßen der Moschee. Dort tischt Mohamed Bouhastine in seinem kleinen Restaurant »Chez Salem« köstlichen frischen Fisch auf. Gestärkt geht es dann entweder den gleichen Weg zurück – oder über die Asphaltstraße MC 116 direkt nach Houmt Souk. Etwa sechs Kilometer hinter dem Ortsausgang von Ajim führt ein kurzes, welliges Pistenstück (ca. 300 Meter) links zur unterirdischen, noch von einigen Inselbewohnern als Gebetsstätte genutzten **Moschee Jemaa Lutar**.

Dauer: Tagesausflug; **Karte:** S. 116, 117

MIT SAMMELTAXI, BUS UND KALESCHE

Zum Palmenhain von Gabès

Auf diesem Ausflug in die größte Stadt Südtunesiens lernen Sie das Land aus dem Blickwinkel der Einheimischen kennen. Das kleine Abenteuer beginnt möglichst frühmorgens in **Houmt Souk**, am Halteplatz der Sammeltaxen vor dem Busbahnhof. Fragen Sie sich durch zu den richtigen **louages** (Französischkenntnisse erleichtern die Suche erheblich), denn diese haben ihr Ziel zwar irgendwo auf einem Pappschildchen an der Windschutzscheibe angebracht, aber nur in arabischer Schrift.

Wer gar keine Geduld hat, kann die Abfahrt des Sammeltaxis beschleunigen, indem er für den einen oder anderen Platz mitbezahlt.

Sind Wagen und Chauffeur gefunden, brauchen Sie nur noch eines: Glück oder Geduld. Haben Sie Ersteres, sind bereits alle Plätze bis auf einen besetzt. Gibt es keinen Mitbewerber, gehört der noch freie Sitz nun Ihnen, und es kann gleich losgehen. Hat der Fahrer indes erst einen oder zwei Interessenten für seine Destination, kann es noch Stunden dauern, bis er den Motor anlässt, denn erst wenn alle möglichen Passagierplätze verkauft sind, lohnt sich für ihn der Trip ...

Neustadt und Hafen von Gabès lohnen kaum den Besuch. Im Viertel Sidi Boulbaba südlich des Kanals bietet sich jedoch ein Spaziergang an.

Erster Halt ist **Ajim**, wo die Fähre hinüber nach Djorf ablegt. Über Mareth und die typischen Straßendörfer Kettana und Teboulbou mit kleinen Dattelpalmhainen geht es dann auf der Transsahara schnurgerade nach **Gabès**, die einzige am Meer gelegene Oase des Maghreb.

Ihren Palmenhain rühmte schon Plinius d. Ä. Mehr als 1000 Hektar umfasst dieser herrliche Oasengarten, der sich am Ost- und Westrand von Gabès erstreckt, aber leider aufgrund der Expansion der Stadt durch sinkenden Grundwasserspiegel bedroht ist. Am Oasen-Eingang, ganz in der Nähe des Busbahnhofs, warten schon die Kaleschen, mit denen an Sonn- und Feiertagen auch viele Einheimische das Areal durchfahren.

In drei Stufen teilt sich die üppige Oasen-Vegetation: Auf der untersten gedeihen Gemüse, Futterpflanzen und Korn sowie die ausgedehnten

MIT SAMMELTAXI, BUS UND KALESCHE

Hennakulturen. Bananenstauden, Zitrusfrüchte und Granatäpfel sowie wilder Wein bilden die mittlere Stufe. Und ganz oben fächern die Dattelpalmen ihre Blätterkronen auf. Wie himmelhohe Zäune frieden sie die Oasen-Parzellen ein.

Langsam schaukelt die Pferdedroschke über den Asphalt. Die Oasenstraße schlängelt sich um das Dorf **Chenini**, dahinter heißt es: Halt am Zoo. Wüstentiere der Region sind in ihm versammelt, zwei Restaurants rahmen ihn, und nach ein paar Schritten erreicht man die **barrage romaine**: zwei Steinbecken, Überreste angeblich einer römischen Bewässerungsanlage.

Wer noch immer nicht genügend Souvenirs hat, wird an den zahlreichen Ständen im Zoo von Chenini sicher fündig.

Kleiner Spaziergang gefällig? Schlagen Sie die Richtung Hotel Chemla-Club ein, und klettern Sie auf die Anhöhe über seinen Bungalows. Oder schlendern Sie am Oued Gabès, der die Oase bewässert, ein wenig landeinwärts. Die Löcher in seinen Flanken sind Überreste von Wohnhöhlen und von Unterständen aus der Zeit des Zweiten Weltkriegs. Dritte Möglichkeit: den Kutscher entlohnen und zu Fuß durch die Oase streifen. Querwege teilen die Parzellen, in den Dattelpalmkronen leuchten bunte Plastikeimer, in denen der begehrte Palmsaft aufgefangen wird, der zu **leghmi**, einem schmackhaften Palmwein, vergärt. An Straßenständen lassen die Oasenbauern ihn gegen einen Obulus verkosten.

Zurück am Ausgangspunkt halten Sie sich in Richtung Große Moschee. Um sie erstreckt sich der koloniale Kern von Gabès. Am Fuße ihres mächtigen Minaretts liegt das stimmungsvolle Marktviertel **Grande Jara** mit seinen Kunsthandwerks- und Souvenirlädchen. Auf der anderen Seite der Avenue Habib Bourguiba türmen sich im **Marché Couvert** frische Früchte und Gemüse, glänzen Fischleiber in Silber und Rot. Jenseits des Oued Gabès tauchen Sie ein in die noch recht traditionelle Atmosphäre des Bezirks **Petite Jara**.

Am Busbahnhof heißt es dann einsteigen und direkt zurück nach **Houmt Souk**.

Wer noch Zeit hat, kann das Volkskundemuseum von Gabès besichtigen, das in der ehemaligen Koranschule untergebracht ist (im Sidi Boulbaba-Viertel).

Dauer: Tagesausflug; **Karte**: S. 118, 119

MIT DEM AUTO

»Kulissenzauber« – das Bergland von Matmata

Der mit einem normalen Pkw zu bewältigende Trip (rund 180 Kilometer) führt in die als Filmkulisse von George Lucas' »Krieg der Sterne« berühmt gewordene Region der Höhlendörfer im nördlichen Dahar, die über Jahrhunderte hinweg einen sicheren Zufluchtsort für die Berber, die Ureinwohner des Landes, bildete.

Djorf
40 km

Mit einer der Frühfähren starten Sie von Le Bac in **Ajim** hinüber aufs Festland. Am Anlandepunkt **Djorf** wählen Sie die rechte Straße in Richtung Gabès. Sie führt geradewegs an den Rand des unscheinbaren Oasendorfes **Mareth**.

Mareth

Während des Zweiten Weltkrieges erlangte die kleine Straßenortschaft traurige Berühmtheit: Zwischen dem 16. und dem 28. März 1943 war sie Schauplatz erbitterter Kämpfe zwischen Deutschen und Alliierten. Insgesamt fast 250 000 Soldaten, 900 Panzer und 650 Flugzeuge kämpften in diesen Tagen an der 45 Kilometer langen »Marethlinie« zwischen dem Golf von Gabès und dem Bergland von Matmata. Frankreichs Armee hatte diese stark befestigte »Maginot-Linie der Wüste« zwischen 1936 und 1940 am Verlauf des Wadi Zigzaou angelegt, um einen eventuellen Angriff italienischer Truppen, die in der Nähe von Tripolis stationiert

Militärmuseum

waren, abzuwehren. Im Militärmuseum von Mareth sind der Schlachtenverlauf und die Befestigungsanlagen an der Mareth-Linie anhand von Dioramen, Karten, Bildern und Waffen dokumentiert. Das Museum liegt nur wenige Meter von der Einmündung der Stichstraße von Djerba entfernt; halten Sie sich an der Kreuzung links in Richtung Médenine (tgl. außer Mo 9–16 Uhr).

20 km

Nach dem Abstecher ins Museum biegen Sie von der Transsaharastraße P 1 kurz vor Arram

Ain Tounine

nach rechts ab. Rund 15 Kilometer geht es nun

MIT DEM AUTO

durch die Ebene bis nach **Ain Tounine**, dann steigt die Straße hinauf in die bizarre Welt des Matmatagebirges mit seinen weiten Senken, engen Tälern und flachen Kegelbergen. In **Toujane**, das im gesamten Süden des Landes für seinen Honig bekannt ist, geht es rechts ab auf die Verbindungsstraße 104 zwischen Médenine und Matmata. Steile Auf- und Abfahrten bieten nun immer wieder neue faszinierende Aus- und Anblicke.

Matmata selbst ist das berühmteste der in der Region liegenden Höhlendörfer. Standen ursprünglich nur ein paar Marabouts über den rund 700 Wohnkratern, so hat der Berberort inzwischen einen ausgeprägten, ganz auf den Tourismus ausgerichteten oberirdischen Teil mit Busbahnhof, Post, Hotels, Cafés etc. Einige der Unterkünfte und Gasthäuser sind in Troglodytenbauten untergebracht, Höhlenwohnungen also; das Gros der Wohnkrater steht inzwischen jedoch leer, denn das Verwaltungs- und Marktzentrum wurde in das 15 Kilometer entfernte Matmata Nouvelle verlegt. Wer noch eine Familie findet, die in den traditionellen, von einem Trichterschacht waagrecht in die lehmige Erde getriebenen Höhlenräumen lebt, wird für die Besichtigung in der Regel zur Kasse gebeten. Einen kleinen Obolus verlangt auch das **Musée**

○ **Ain Tounine**

4 km

○ **Toujane**

23 km

○ **Matmata**

★ **Musèe de Matmata**

In Matmata werden Fremde oftmals zum Besuch einer Höhlenwohnung eingeladen – freilich gegen Bares.

MIT DEM AUTO

Musée de Matmata ✳ **de Matmata** (tgl. 9–17 Uhr), das ebenfalls in einem Troglodytenhaus, etwa 50 Meter vom Hotel Sidi Driss entfernt, eingerichtet wurde. Im Erdgeschoss sind hier Hochzeitstrachten und traditionelle Küchen- bzw. Landwirtschaftsgeräte ausgestellt, im Hof sind noch der Brunnen und der Ofen zu sehen, im Obergeschoss weben Frauen Teppiche an historischen Webstühlen.

10 km Vom Ortsausgang schlängelt sich links die Straße in Richtung Tamezret. Wie eine Mondlandschaft mutet die Gegend an, durchzogen von Wadis und staubigen Wegen. Kein Wunder, dass sie George Lucas als ideale Kulisse für seinen Film »Krieg der Sterne« auswählte. Immer wieder schieben sich aber auch kleine Erdterrassen in den Blick, auf denen Palmen, Oliven- und Feigenbäume wachsen oder sogar Getreide gedeiht.

Tamezret ○ Tamezret zeigt dem Ankömmling indes erst einmal abwehrend seinen kompakten, braungrauen Rücken. Erst wenn man schon fast vorbeigefahren ist, offenbart sich das schöne Antlitz des Berberdorfes. Verschachtelt zieht es sich einen Hügel hinauf, wie eine weiße Blüte leuchtet die Moschee aus dem erdfarbenen Häusergewirr. Schmale, steile Gassen führen hinauf zu ihr und zu einem kleinen Café; ein herrlicher Ausblick bietet sich von hier. Tamezret ist eines der wenigen Berberdörfer,
15 km die von der arabischen Invasion verschont geblieben sind. Seine Bewohner – meist nur noch Kinder, Frauen und Greise, die jungen Männer sind zum Arbeiten in die Städte abgewandert – überraschen durch kastanienfarbenes Haar und ihre oft hellgrünen Augen.

Beni Aissa ○ Ähnlich ruhig geht es noch in dem Troglodyten-Dorf **Beni Aissa** zu. Zehn Kilometer schlängelt sich die Straße in Matmata vom Hotel Troglodyte nach Nordwesten, über das von Palmenhainen umgebene **Bou Dafeur** durch die beeindruckende
20 km Hügellandschaft. Rechts und links eines Tales, das sich im Winter mit Wasser füllt und etwas Landwirtschaft möglich macht, haben die Bewohner von Beni Aissa ihre Wohnhöhlen in den weichen Lehm
Haddej ○ gegraben.

MIT DEM AUTO

Nach diesen beiden Abstechern geht es auf der gut ausgebauten Asphaltstraße in großzügigen Serpentinen durch eine eindrucksvolle steinige Schluchtenlandschaft hinab in Richtung Matmata Nouvelle, das Ende der siebziger Jahre als neuer Verwaltungs- und Marktort aus dem Boden gestampft wurde. Nach etwa fünf Kilometern auf dieser Straße zweigt rechts an der touristischen Höhlenwohnung »Fatima's Haus« die Piste ab nach **Haddej**, einem weiteren, auch schon bei einigen Tourprogrammen angefahrenen Troglodyten-Dorf, das allerdings im Zerfall begriffen ist. Die Ursprungsstruktur lässt sich aber noch schön sehen. Gegen einen kleinen Obolus führen Sie die Einheimischen – Kinder wie Erwachsene – gern in ihre Behausungen und vielleicht auch in die alte Ölmühle im Dorfzentrum.

Zurück auf der Hauptstraße, zweigt bald ebenfalls wieder nach rechts die Piste in Richtung Beni Zelten ab, von der nach rund zehn Kilometern eine Verbindung links direkt nach **Mareth** führt. Von dort sind es noch einmal knapp 40 Kilometer bis zur Fähre in **Djorf**.

Dauer: Tagesausflug; **Karte**: S. 118, 119

○ **Beni Aissa**

20 km

○ **Haddej**

50 km

○ **Mareth**
40 km
○ **Djorf**

An Tamezret achtlos vorbeizufahren wäre schade – seine Reize offenbaren sich nämlich erst auf den zweiten Blick.

MIT AUTO ODER BUS UND NOSTALGIEZUG
Trip zum Tor der Sahara

Ein spektakulärer, auch als Pauschale angebotener Trip zum Tor der Wüste, über den größten Salzsee des Landes, zu den Bergoasen und Schauplätzen des Erfolgsfilms »Der englische Patient« sowie in die Seldja-Schlucht. Während des Sahara-Festivals empfiehlt sich eine zusätzliche Übernachtung in Douz.

Djorf
200 km
Kebili
27 km
Douz
Zaafrane

Tozeur, Mittelpunkt des Bled el Djerid (»Land der Palmenzweige«), präsentiert sich ziemlich touristisch.

Früh aufstehen heißt es mal wieder, denn es sind reichlich Kilometer durch die Küstenlandschaft des Golf von Gabès und am Fuße des Jebel Tebage zurückzulegen, bis sich in **Kebili** die Straße gabelt. Fürs Wüstenfeeling steuern Sie dort geradeaus, vorbei an dem hinter einem Palmenhain verborgenen Ruinenfeld des alten Kebili römischen Ursprungs, bis nach **Douz**. Vor den Toren des quirligen Städtchens beginnt die Sahara mit ihren Wanderdünen. Bei **Zaafrane** können Sie ohne großen touristischen Rummel auf dem Kamel ein Stück weit hineinreiten in das weite Sandmeer oder alternativ, auf der anderen Straßenseite, durch den Dattelhain spazieren.

MIT AUTO ODER BUS UND NOSTALGIEZUG

An den südöstlichen Rändern des von Karl May literarisch verewigten (obwohl er nie dort war!) **Chott El-Djerid** geht es dann zurück nach **Kebili** und von dort auf dem asphaltierten Straßendamm quer durch den riesigen Salzsee. Silbergrau schimmern die Kristalle auf der braunen Ebene; ein bunter Souvenirstand teilt die Strecke in der Mitte. Vor dem kleineren **Chott El-Gharsa** führt eine gut ausgebaute Straße links hinein nach **Tozeur**.

Gut 300 Kilometer liegen jetzt hinter Ihnen; die herrliche, reliefartige Lehmziegelarchitektur der Altstadt **Ouled Hadef**, die teils zurückreicht bis ins 14. Jahrhundert, schimmert golden im späten Nachmittagslicht. Vielleicht reicht die Zeit bis zur Dämmerung noch für einen Spaziergang oder eine Kaleschenfahrt in die Oase, deren Datteln – trotz zunehmender, vom wachsenden Tourismus verursachter Wasserprobleme – nach wie vor als die besten des Landes gelten. »Finger des Lichts« (**Deglet El-Nour**) heißen sie, und rund um die Markthalle können Sie sogar noch spät abends oder morgens um fünf Uhr einen Ast bzw. ein Kästchen voll bei den Straßenhändlern kaufen.

Vom palmenumstandenen **Belvédère** mit seinem heißen Quellsprudel zurück, wartet schon das **Museum Dar Cherait** mit seinem orientalischen Nachtprogramm. Oder ein schlichtes Essen in einem der familiären Restaurants an der Avenue Chabbi.

Erst Nefta oder gleich Kinokulisse? Diese Frage bestimmt den nächsten Morgen. Entscheiden Sie sich für die Filmlandschaft der Bergoasen, bleibt später noch Zeit, mit dem nostalgischen »Lézard Rouge« durch die bizarre **Seldja-Schlucht** zu dampfen. Der restaurierte Salonzug des Bey Pacha startet gegen 11 Uhr in dem staubigen Bergarbeiterort **Metlaoui** zu seiner rund zweistündigen Fahrt.

Über den Westrand des **Chott El-Gharsa** führt die gut ausgebaute Straße rasch zum Abzweig **Chebika**, der ersten Bergoase der Phosphatregion, in deren Nähe einige Szenen des oscargekrönten »Englischen Patienten« entstanden. Stolz zeigt jeder Guide in die Weite hinter dem dramatischen rötlichen Felsental, auf dessen Grund sich ein Quellbach schlängelt.

○ **Zaafrane**
50 km
○ **Kebili**

90 km

○ **Tozeur**

2 km

✳ **Museum Dar Cherait**

45 km

○ **Chebika**

10 km

○ **Tamerza**

MIT AUTO ODER BUS UND NOSTALGIEZUG

Tamerza ○

Zwischen **Tamerza** und **Midès**, beide in einer karstigen Hügelwelt nur ein paar Kilometer von der algerischen Grenze gelegen, wurde die Doppeldecker-Jagd auf den Film-Grafen Almásy und der Absturz des kleinen Fliegers gedreht. Auch ein paar Szenen von »Krieg der Sterne« fanden in diesem Gebiet ihre Kulisse. Kein Wunder also, dass die Souvenirhändler an den beiden Wasserfällen kurz vor Neu-Tamerza inzwischen ihre Ware in allen möglichen Sprachen anpreisen und sogar eine dressierte Eule zum Geldverdienen nutzen (sie posiert für Fotos auf einem Betondinosaurier).

Hotel ★
Tamerza Palace

2 km

Midès ○

Vorbei an Palmen und kristallklarem Wasser führt ein Spaziergang auf schmalen Felspfaden ab Chebika – eine wahrhaft faszinierende Landschaft!

Gönnen Sie sich nach dem Rummel ein Päuschen auf der Terrasse des Luxushotels Tamerza Palace. Sie haben von hier den besten Blick auf das verlassene alte Oasendorf auf dem gegenüberliegenden lang gestreckten Hügel oberhalb eines breiten Oued. Teile des von Regenfluten zerstörten Alt-Tamerza wurden inzwischen restauriert, doch Midès, ursprünglich am Treffpunkt dreier Schluchten gelegen, bietet noch immer das besser erhaltene Anschauungsmaterial in Sachen historischer Bergoasen-Architektur. Mitunter finden sich in den halb verfallenen Häusern hoch über einer steilen Felsschlucht sogar noch Säulenreste und andere Zeugnisse der Antike. Denn Midès entstand an der

94

MIT AUTO ODER BUS UND NOSTALGIEZUG

Stelle der römischen Grenzfestung Mades. Die spektakuläre Lage des Ortes am Rand des etwa 60 Meter tief eingeschnittenen Canyons sorgt für unvergessliche Eindrücke.

Über die beiden Bergarbeiterorte Redeyel und Moulares geht es nun zum Bahnhof von **Metlaoui**. Vor allem sonntags drängen sich hier auch Einheimische aus Tunis oder Gabès auf dem Perron, bewehrt mit Fotoapparaten oder Videokameras. Die Fahrt (30 tD) in die Seldja-Schlucht mit ihren himmelhohen Steilwänden ist ein beliebtes Vergnügen besser gestellter tunesischer Familien.

Gut 200 Kilometer sind es von Metlaoui über Gafsa – wo Sie noch die römischen Bäder und die im benachbarten Museum bewahrten Mosaiken, den zum Hammam umgebauten osmanischen Palast und das alte Wohnviertel südlich davon anschauen können – bis nach Gabès; weitere 80 Kilometer bis zum Fährhafen **Djorf**. Wahrscheinlich funkeln dann schon die ersten Sterne, aber die Schiffe nach Djerba verkehren ja auch während der Nacht.

Dauer: 2 bis 3 Tage; **Karte**: S. 120, 121

○ **Midès**

23 km

○ **Redeyel**
18 km
○ **Moulares**

37 km

○ **Metlaoui**
42 km
○ **Gafsa**
145 km
○ **Gabès**
80 km
○ **Djorf**

Nostalgisches Abenteuer: Eine Fahrt mit dem Lézard Rouge ist ein unvergessliches Erlebnis.

WICHTIGE INFORMATIONEN
Djerba von A(nreise) bis Z(oll).
Mit aktuellen Wechselkursen und genauer Klimatabelle, Geschichte auf einen Blick, Sprachführer und vielen anderen nützlichen Informationen.

Ein Marktbummel gehört zum Pflichtprogramm eines Djerba-Urlaubs. Was Sie beim Einkaufen und Handeln beachten sollten, finden Sie in diesem Kapitel (→ S. 100, 104).

DJERBA VON A–Z

Anreise

Mit dem Flugzeug

Djerba wird von fast allen deutschen Flughäfen per Charter direkt angeflogen. Im Sommer bieten Gesellschaften wie Air Berlin, Aero Lloyd, Condor, Nouvel Air und LTU je nach Abflugsort ein bis zwei Flugtermine pro Woche.

Die meisten Urlauber buchen eine Pauschalreise, also Flug und Hotel. Zahlreiche Veranstalter (z. B. ITS, fit-Reisen, DERTOUR, TUI, Neckermann, airtours) habe solche Kombis im Programm. Seit einigen Jahren ist es jedoch auch möglich, lediglich einen Flugschein zu kaufen. Linienflüge (Tunis Air) starten von Berlin, Frankfurt, Düsseldorf, Hamburg und München und führen in der Regel über Tunis.

Die Flugzeit beträgt je nach Abflugsort zwischen zweieinhalb und dreieinhalb Stunden. Die Kosten für einen Hin- und Rückflug ohne Arrangement bewegen sich zwischen 200 und 400 Euro; Surfbrett und Fahrrad können gegen Aufpreis mitgenommen werden.

Djerbas **Flughafen Melitta** liegt am Nordwestzipfel der Insel, rund 8 km von der Hauptstadt Houmt Souk entfernt. Türkisblaues, glasklares Meer, dem man fast auf den hellen Grund schauen kann, glitzert unter dem Flugzeugrumpf, dann schiebt sich eine sandfarbene Landschaft in den Blick mit Palmen- und Olivenhainen, aus denen verstreute weiße Bauten leuchten.

Pauschalurlauber werden vom Flughafen mit Bussen der jeweiligen Veranstalter zu ihren Hotels gebracht. Je nachdem, in welchem Strandabschnitt bzw. Inselteil die gebuchte Unterkunft liegt, dauert der Transfer zwischen 20 und 40 Minuten. Mit dem Linienbus ist die Fahrt bis ins Hotel sehr umständlich und zeitraubend, da man in Houmt Souk umsteigen muss und die Anschlüsse nicht aufeinander abgestimmt sind. Bequemer ist das Taxi; der Fahrpreis wird per Taxameter angezeigt (→ Verkehrsverbindungen, S. 110).

Mit dem Schiff

Vom Festland bei Djorf gibt es eine Fährverbindung nach Djerba. Die Schiffe verkehren von 6 Uhr bis Mitternacht etwa alle 30 Minuten, in der Nacht alle zwei Stunden. Pro Pkw kostet die Überfahrt 800 Millimes. Privatjachten können über eine Fahrrinne den kleinen Hafen von Houmt Souk erreichen, der zur Marina ausgebaut werden soll. Für große Schiffe sind die Gewässer um Djerba zu seicht.

Mit dem Auto

Von Marseille und Genua existieren Fährverbindungen nach Tunis. Djerba ist von dort entweder mit einer weiteren kleinen Fähre (siehe oben) zu erreichen oder über den »Römerdamm« aus Richtung Zarzis.

Auskunft

In Deutschland
Fremdenverkehrsamt Tunesien
– Kurfürstendamm 171, 10707 Berlin;
   Tel. 0 30/8 85 04 57, Fax 8 85 21 98
– Flingerstraße 66, 40213 Düsseldorf;
   Tel. 02 11/8 80 06 44, Fax 8 80 06 48
– Goetheplatz 5, 60313 Frankfurt/Main;
   Tel. 0 69/2 97 06 40, Fax 2 97 06 63
– Burgstraße 12, 80331 München;
   Tel. 0 89/29 16 36 85, Fax 29 16 40 09

In Österreich
Fremdenverkehrsamt Tunesien
Opernring 1, Stiege R, 1010 Wien;
Tel. 00 43/1/5 85 34 80, Fax 5 85 34 80 18,
E-Mail: tunesien@magnet.at

In der Schweiz
Fremdenverkehrsamt Tunesien
Bahnhofstraße 69, 8001 Zürich;
Tel. 00 41/1/2 11 48 30, Fax 2 12 13 53

ANREISE – DIPLOMATISCHE VERTRETUNGEN

Im Internet
Websites
www.tourismtunisia.com
www.tunesieinfo.com
www.tunesisonline.com
E-mail: info@tourismtunisia.com

Auf Djerba ◼ C 1, S. 116
Commissariat Regional du Tourisme
(Regionales Amt für Tourismus)
Route de Sidi Mahrès, 4180 Houmt Souk;
Tel. 05 65 05 44 und 05 65 00 16

Fremdenverkehrsamt ◼ C 1, S. 116
Place de Martyres, 4180 Houmt Souk;
Tel. 05 65 09 15

Touristeninformation ◼ D 1, S. 117
Place de la République, 4116 Midoun;
Tel. 05 65 81 16 und 05 65 90 58

Flughafen Djerba ◼ B 1, S. 116
4140 Melitta; Tel. 05 65 02 33

Hafen Houmt Souk ◼ C 1, S. 116
4180 Houmt Souk; Tel. 05 65 01 35

Generell spricht man bei den Auskunftsstellen eher Französisch als Deutsch; der Empfang ist nicht immer unbedingt freundlich, und die Öffnungszeiten werden großzügig ausgelegt.

Bevölkerung

Die meisten der heute rund 110 000 Bewohner Djerbas sind Nachfahren jener Berber, die als erste Menschengruppe auf der Insel siedelten. Sie sind Moslems hauptsächlich der ibaditischen Glaubensrichtung und sprechen teilweise noch ihre traditionelle Berbersprache. Die rund 3000 verbliebenen Djerba-Juden sind Nachfahren jener Hebräer, die sich wahrscheinlich bereits vor 2000 Jahren auf die Insel flüchteten. Sie lebten seit alters her in eigenen Siedlungen, betrieben Handel und verdienten ihren Lebensunterhalt als Juweliere.

Zu Konflikten mit den muslimischen Inselbewohnern, die hauptsächlich Bauern, Weber, Töpfer und Fischer waren, kam es so gut wie nie. Man respektierte einander, teilte friedlich den Alltag. Erste Spannungen zwischen den beiden Glaubensgruppen traten auf, als im Zuge des expandierenden Fremdenverkehrs Muslime vom Festland auf die Insel einwanderten. Inzwischen leben auch immer mehr europäische Ausländer auf Djerba bzw. besitzen dort Häuser. Die christliche Gemeinde Djerbas umfasst aber nur wenige Mitglieder.

Camping

Wildes Campen ist verboten, Zeltmöglichkeiten gibt es im **Centre Vacances** von Aghir, direkt am Sandstrand (→ S. 52).

Diplomatische Vertretungen

In Tunesien
Botschaft der Bundesrepublik
Deutschland
1, rue El-Hamra, 1000 Tunis-Mutuellville;
Tel. 01 78 64 55, Fax 01 78 82 42

Österreichische Botschaft
16, rue Ibn Hamadi, 1000 Tunis-El-Menzah;
Tel. 01 75 10 91, Fax 01 76 78 24

Schweizer Botschaft
12, rue Chankiti, 1000 Tunis-Mutuellville;
Tel. 01 28 19 17, Fax 01 78 87 96

In Deutschland
Botschaft der Republik Tunesien
Lindenallee 16, 14050 Berlin;
Tel. 0 30/30 82 06 73, Fax 30 30 82 20 83

Konsulate
– Jürgensplatz 36–38, 40219 Düsseldorf;
  Tel. 0 211/3 00 68 74, Fax 39 21 06
– Overbeckstraße 19, 22085 Hamburg;
  Tel. 0 40/2 20 17 56, Fax 2 27 97 86
– Seidlstraße 28, 80335 München;
  Tel. 0 89/55 46 35, Fax 5 50 25 18

DJERBA VON A–Z

In Österreich
Botschaft der Republik Tunesien
Opernring 5, 1010 Wien;
Tel. 00 43/1/5 81 52 81, Fax 5 81 52 80

In der Schweiz
Botschaft der Republik Tunesien
Kirchfeldstraße 63, 3005 Bern;
Tel. 00 41/3 13 52 82 26, Fax 3 51 04 45

Einkaufen

An den Markttagen der Insel ziehen fast immer dieselben Händler von Ort zu Ort. Ihre Ware kommt zu einem Großteil aus dem benachbarten Libyen, einiges stammt aus dem nahen Sizilien, der Rest vom tunesischen Festland. Angeboten werden an den Ständen hauptsächlich Dinge, die die Djerbi im Alltag brauchen – vom Shampoo über Unterwäsche und Schuhe bis hin zu Geschirr und Matratzen. Markttage sind in Houmt Souk Montag und Donnerstag, in Midoun Freitag, in Guellala Mittwoch, in Seduikhes Dienstag, in El May Samstag, in Adjim Mittwoch und Freitag, in Erriadh und Melitta Sonntag.

Ein Teil des zeitweiligen Marktareals, das sich meist vom Ortskern bis zu den Ausfallstraßen zieht (nur in Houmt Souk wird der Markt außerhalb der Stadtmitte, am Hafen, abgehalten), ist stets den Nahrungsmitteln vorbehalten. Wer gerne kocht, findet hier manch interessantes Souvenir, vor allem bei den Gewürzen. Um die Einkäufe nach Hause zu tragen, bietet sich die weit verbreiteten Palmstrohtaschen an; sie werden allerdings nicht mehr auf Djerba gefertigt, sondern kommen aus Medenine. Auch in den Souks von Houmt Souk und Midoun muss man lange suchen, um ein Inselprodukt zu finden. Alle möglichen Souvenirartikel, vom Schmuck über Teppiche bis hin zu der farbenfrohen Keramik, stammen in der Regel nicht von der Insel.

Originelle Souvenirs

Die traditionellen **Tonwaren** Djerbas sind naturfarben, unglasiert und entweder gar nicht oder sehr einfach mit braunen oder schwarzen geometrischen Mustern verziert. Vereinzelt tauchen sie inzwischen neben den bunten Stücken aus Nabeul bei den Händlern auf; die größere Auswahl findet man jedoch direkt im Töpferdorf Guellala.

Schöne und inseltypische Mitbringsel sind handgewebte Stoffe, doch die aufwendige Herstellung hat ihren Preis. Verwoben wird meist Kunstseide in leuchtenden Farben, mitunter auch naturfarbene Wolle (für Decken und Umhänge). Die Weber findet man in einem bestimmten Teil des Souks von Houmt Souk, unweit der Kirche. Im Herzen des Souk Erbaa, zwischen der Halle der Gemüsehändler und den Gewürzverkäufern, hat Herr Turki seinen kleinen Stand. Er verkauft Blütenwässer. Die Djerbi nutzen die von den Turki seit Generationen hergestellten Destillate sowohl zum Kochen und Backen als auch zum Parfümieren, Heilen etc. Typisch für Djerba sind auch Naturschwämme. Ajim ist der Ort der Schwammfischer, dort kann man an der Straße zur Fähre ihre »Fänge« kaufen. Großporige Schwämme sind die besten – und teuersten.

Geschäftszeiten

Vormittags sind die Läden meist von 8.30/9 Uhr bis 12 Uhr geöffnet, nachmittags von 14/15 bis 18/18.30 Uhr. Man nimmt es aber auf Djerba nicht so genau mit diesen Zeiten, mal dauert die Mittagspause ein wenig länger, dann schließt der Laden halt abends

Einkaufen – oder zumindest Bummeln – in den Souks der Hauptstadt gehört zu den unvergesslichen Djerba-Urlaubserlebnissen.

DIPLOMATISCHE VERTRETUNGEN – EINKAUFEN

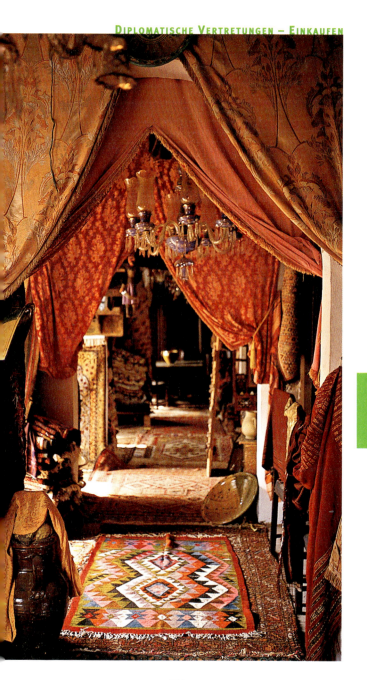

Djerba von A–Z

ein Stündchen später. Freitagnachmittags haben viele Geschäfte wegen des Freitagsgebetes geschlossen. Wochenmärkte finden nur vormittags statt.

Feiertage

Heiligabend und Silvester sind normale Arbeitstage, die religiösen Feiertage des Islam richten sich nach dem Mondkalender und sind daher beweglich. Im Gregorianischen Kalender verschieben sie sich pro Jahr um etwa elf Tage. So beginnt der **Ramadan**. Während dieses Fastenmonats (Beginn 2002: 6. November) sind alle Moslems angehalten, zwischen Sonnenaufgang und Sonnenuntergang nicht zu essen, zu trinken, zu rauchen und keinen Sex zu praktizieren. Danach geht es aber meist hoch her in den Familien, die Restaurants haben oft die ganze Nacht geöffnet, oder man versammelt sich zum Schmaus mit Freunden bzw. zur Unterhaltung vor dem Fernsehapparat. Aid es Seghir, der Tag, der das Ende des Ramadan markiert, fällt 2002 auf den 5. Dezember. Dieses Fest des Fastenbrechens dauert drei Tage. Die Frau des Hauses bereitet dazu besondere Kuchen, die den Gästen angeboten werden. Die Kinder erhalten Geld und Süßigkeiten.

70 Tage nach dem Ende des Ramadan wird Aid el Kebir bzw. Aid el-Ida, das große Aid, gefeiert (2002: 22. Februar). Es erinnert an Abraham, der seinen Sohn Ismail Gott zu opfern bereit war. Im letzten Moment ersetzte Gott den Jungen durch einen Widder. Traditionell wird zu diesem Gedenktag ein Hammel geschlachtet. Ein Teil des Fleisches wird getrocknet und bis zum Couscous-Essen anlässlich des muslimischen Neujahrs Ras-el-Am (2002: 6. April) aufbewahrt. Ein weiteres wichtiges Fest der Moslems ist die Geburt des Propheten (2002: 15. Juni). Außer diesen religiösen Festen gibt es folgende **gesetzliche Feiertage**:

1. Jan.	Neujahrsfest
18. Jan.	Tag der Revolution
20. März	Tag der Unabhängigkeit
9. April	Tag der Märtyrer
1. Mai	Tag der Arbeit
1. Juni	Nationalfeiertag
2. Juni	Tag der Jugend
25. Juli	Tag der Republik
13. Aug.	Tag der Frau
7. Nov.	Jahrestag der Erneuerung (Ende der Ära Bourguiba)

Feste

Hochzeit und Beschneidung sind nach wie vor wichtige Feste für die Djerbi, sie werden traditionell und sehr aufwendig mit Musik und Tanz begangen. Viele Hotels auf der Insel organisieren Folkloreabende, bei denen man einen Einblick in die jahrhundertealten Rhythmen erhält. Im Amphitheater von Midoun wird jeden Dienstagnachmittag für Touristen eine Berberhochzeit nachgestellt. Mitunter sieht man in den kleineren Orten auch eine echte Hochzeitsgesellschaft durch die Straßen ziehen – mit Dromedar und prachtvoll in Stammestracht gekleideten Gästen.

April/Mai
Laghba-Omer-Fest
Als Abschluss der Pilgerfahrt zur Synagoge La Ghriba in Erriadh; 33 Tage nach dem jüdischen Osterfest.

Juli
Festival d'Ulysse und Filmfestival
Die beiden einwöchigen Festivals im Hafen von Houmt Souk finden abwechselnd statt. Bei Ersterem gibt es täglich Folkloredarbietungen und Aufführungen von Schulkindern, beim Filmfestival werden arabische Filme verschiedenster Kategorien gezeigt; eine Jury kürt das beste Werk.

EINKAUFEN – GELD

Schwammfest in Ajim und Zarzis
Eher Markt als Fest, aber mitunter
mit folkloristischem Rahmenpro-
gramm.

August
Töpferfest in Guellala
Töpfervorführungen, Folklore.

November
Concours des Garcons
Kellnerwettrennen in Midoun.

Fotografieren

Filmmaterial auf Djerba erhält man
meist nur in den Hotels (für Farb-
bilder; für Dias so gut wie nie); es ist
wesentlich teurer als bei uns und
nicht immer sachgerecht gelagert.
Es empfiehlt sich daher, genügend
Vorrat mitzunehmen, ebenso eventuell Ersatzbatterien. Einrichtungen
der Polizei, des Militärs und des Zolls
dürfen nicht fotografiert werden.
Was die Menschen anbelangt, so
sollte man unbedingt vorher fragen.
Denn im Islam ist das Abbild des
Menschen mit einem Tabu belegt.
Viele Einheimische, vor allem die
streng religiösen Ibaditen in den Ber-
berregionen Djerbas, wollen sich daher keinesfalls fotografieren lassen.
Ihr »Nein« ist unbedingt zu respektieren, auch wenn sie in ihrer maleri-
schen Tracht oft ein wunderbares
Motiv böten! An touristischen Orten
bzw. bei Ausflügen in die Wüste wird
von den Fremden oft eine Bezahlung
für ein Porträt erwartet.

Frauen allein unterwegs

Allein reisende Frauen auf Djerba
und in der Oase Zarzis müssen sich
auf ständige »Ansprache« gefasst
machen – sei es durch alle möglichen
Zungengeräusche oder tatsächlich
durch Worte. Denn auch auf Djerba
haben einige europäische Vertrete-
rinnen des weiblichen Geschlechts

durch entsprechendes Verhalten gegenüber den Männern dafür gesorgt,
dass die Einheimischen nun glauben,
jede allein reisende Frau sei auf ein
sexuelles Urlaubsabenteuer aus. De-
zente Kleidung (→ S. 105) und eben-
solches Verhalten – d. h. Vermeidung
direkten Blickkontakts mit fremden
Männern, Ablehnung jeglicher Einladung, sei es zum Essen, zu einem
Ausflug etc. – helfen, solche Vorstel-
lungen abzubauen, sind allerdings
leider keine Garantie, in Ruhe gelas-
sen zu werden. Wer als Frau also unbedingt allein am Strand spazieren
gehen, eine Radtour unternehmen
oder abends ein typisches Essen ein-
nehmen will, sollte sich entsprechend
mit Gelassenheit wappnen. Manchmal hilft allerdings nur das Verblei-
ben in der Hotelenklave. Selbst
dort gibt es allerdings einheimische
Männer ...

Geld

Währungseinheit ist der tunesische
Dinar (tD). Ein Dinar entspricht 1000
Millimes. Es sind Scheine im Wert
von 50, 20, 5 und 1 Dinar im Umlauf
sowie Münzen von einem und einem
halben tD, 100, 50, 20, 10 und 5 Millimes.
   Der Wechselkurs ist staatlich
festgelegt und daher überall gleich,
egal ob Sie auf einer Bank tauschen,
am Wechselschalter des Flughafens
oder im Hotel. Am einfachsten ist
der Bargeldtausch, Euroschecks werden ebenfalls in den Banken und an
den meisten Hotelrezeptionen einge-
tauscht. Man muss sie in Dinar aus-
stellen (Höchstbetrag 200 tD) und
sollte Scheckkarte und Ausweisdo-
kument bereithalten. Achtung: Dina-
re dürfen weder ein- noch ausgeführt
werden! Tunesisches Geld kann unter Vorlage der Umtauschquittungen
in Devisen zurückgewechselt werden, jedoch nur bis maximal 100 tD.
In Houmt Souk und Midoun gibt es

DJERBA VON A–Z

an den Banken bereits vereinzelt Geldautomaten, an denen mit EC-Karte Landeswährung abgehoben werden kann; ansonsten akzeptieren diese Automaten nur **Kreditkarten**. Als Zahlungsmittel werden diese von fast allen Hotels sowie von den gehobeneren Restaurants akzeptiert. Bei Einkäufen im Bazar ist indes Bargeld von Vorteil.

Banken sind im Allgemeinen montags bis donnerstags von 8 bis 11.30 Uhr sowie von 14 bis 16.30/17 Uhr geöffnet sowie freitags von 8 bis 11 und 13.30 bis 16 Uhr; während der Sommermonate und des Ramadan von Montag bis Freitag durchgehend von 8 bis 13 Uhr.

Handeln

Handeln gehört im gesamten arabischen Raum zum Alltagsritus. In Supermärkten oder staatlichen Geschäften ist das Feilschen jedoch tabu, Gleiches gilt beim Kauf von Fahrkarten, Briefmarken und Grundnahrungsmitteln. Unbedingt handeln

sollte man indes in den Privatgeschäften der Souks. Am besten ist es, den Verkäufer zuerst einen Preis nennen zu lassen, anstatt selbst, wie oft gefordert wird, die Summe anzugeben, die man bereit wäre für die Ware zu zahlen. Zu großes Interesse an einem Stück wirkt sich ebenfalls ungünstig auf die Preisgestaltung aus. Meist kann man davon ausgehen, dass der tatsächliche Wert des zur Diskussion stehenden Objekts etwa ein Drittel bis 50 Prozent unter dem ersten Gebot liegt.

Die Ermittlung des Kaufpreises ist ein Spiel, bei dem der Bessere gewinnt. Wer nicht gleich kauft, sondern wiederkommt, steigt in der Achtung des Verkäufers.

Kleidung

Muslime kleiden sich stets korrekt und erwarten dies auch von fremden Besuchern. Innerhalb der Hotelanlagen hat man sich inzwischen jedoch – gezwungenermaßen wohl – an freizügige Kleidung gewöhnt, in den

Nebenkosten in Euro	
1 Tasse Kaffee	0,40
1 Bier	1,60
1 Cola/Limo	0,60
1 Brot (ca. 500 g)	0,15
1 Schachtel Zigaretten	1,40–2,30
1 Liter Benzin	0,60
Fahrt mit öffentl. Verkehrsmitteln (Einzelfahrt)	0,50
Mietwagen/Tag	ca. 45,00

Wechselkurse		
TU	**EU**	**CH**
tD	Euro	Franken
1	0,77	1,13
2	1,54	2,26
5	3,85	5,65
10	7,70	11,30
12	9,24	13,56
15	11,55	16,95
20	15,40	22,60
25	19,25	28,25
50	38,50	56,50
60	46,20	67,80
75	57,75	84,75
100	77,00	113,00
200	154,00	226,00

Stand: November 2001

GELD – MEDIZINISCHE VERSORGUNG

Restaurants ist jedoch korrekte Kleidung erwünscht. Oben ohne ist offiziell verboten, doch leider sieht man immer wieder Urlauberinnen, die auch am Strand ihr Bikinioberteil ablegen. Das hat bei vielen Muslimen zu der Überzeugung geführt, die Damen kämen mit eindeutigen Absichten – und hat oft eine recht dreiste und hartnäckige Anmache zur Folge (→ Frauen allein unterwegs, S. 103) Außerhalb der Hotelanlagen wirken tiefe Dekolletees und nackte Männerbeine auf die Einheimischen ebenfalls eher provokativ. Das gilt bereits für Midoun und Houmt Souk, vor allem jedoch in den traditionellen Berbergebieten im Inneren der Insel, wo sich die Menschen nicht nur weitgehend bedecken, sondern oft noch die Stammestrachten tragen. Auch bei Ausflügen in die Wüste sind lange Baumwollhosen oder -röcke und langärmelige, luftige Oberteile angebrachter als Shorts und Tops – nicht zuletzt wegen der zumeist starken Sonneneinstrahlung. Wer Djerba und Südtunesien außerhalb der Sommermonate bereist, muss mit kühlen bis kalten Nachttemperaturen rechnen. Ein Pullover oder dickes Sweatshirt gehört daher unbedingt ins Gepäck.

Kriminalität

Viele Häuser auf Djerba, zumindest im Inselinneren, bleiben noch immer unverschlossen; Diebstähle und Überfälle sind selten. So genügen die üblichen Vorsichtsmaßnahmen: Wertgegenstände im Hotel- oder Zimmersafe einschließen, beim Souk- oder Bazarbesuch am besten wie die Einheimischen die Geldbörse in der Hand tragen oder ein paar Scheine lose in einer tiefen Rock- oder Hosentasche verstauen. Am ehesten noch entwickeln die Tunesier kriminelle Energie beim Verkauf bestimmter Dinge bzw. Dienstleistungen – wobei sie selbst ein bisschen Betrügen

nicht unbedingt als Verbrechen erachten. Vorsicht sollte man in diesem Zusammenhang aber unbedingt beim Schmuckkauf walten lassen, denn nicht immer stimmt der Gold- oder Silbergehalt mit der Angabe des Händlers überein. Die Ausfuhr von Antiquitäten ist verboten; angeboten werden meist überteuerte Kopien. Die auf Djerba inzwischen weit verbreitete Mode, »Tätowierungen« (**tatouage**) zu verkaufen, hat nichts mit den traditionellen und zeitraubenden Henna-Malereien zu tun. Die Motive werden vielmehr mit einer schwarzen Paste im Schnellverfahren ausgeführt. Der Preis richtet sich nach Größe und Beschaffenheit des Motivs – ist jedoch immer unverschämt hoch.

Medizinische Versorgung

Auf Grund eines bilateralen Abkommens zwischen Deutschland und Tunesien tritt bei Krankheit oder Unfall für deutsche Urlauber der Versicherungsschutz der deutschen Krankenkassen in Kraft – theoretisch zumindest. In der Praxis jedoch wird der Auslandsberechtigungsschein, den man sich vor Reiseantritt bei seiner zuständigen Krankenversicherung besorgen muss, von vielen tunesischen Ärzten nicht akzeptiert. Es empfiehlt sich daher eine Reisekrankenversicherung abzuschließen. Auf Djerba existieren vier **Kliniken**, alle in Houmt Souk. Ein weiteres Krankenhaus findet man in Zarzis. Kaum einer der Inselärzte spricht Deutsch, mit Französisch kommt man indes gut weiter. Hotelrezeptionen rufen in der Regel gern medizinischen Beistand. Die Rechnungen sollte man unbedingt aufbewahren.

Apotheken (Pharmacie) gibt es in Houmt Souk, Midoun sowie in der Festlandoase Zarzis. Sie sind in der Regel mit den gängigen Medikamenten französischer, Schweizer oder

DJERBA VON A–Z

deutscher Pharmakonzerne recht gut sortiert. Die Verkaufspreise liegen deutlich niedriger als in Europa, meist besteht auch keine Verschreibungspflicht für die Produkte. Geöffnet sind die Apotheken von 9–13 und 15–19 Uhr, samstags nur während der Vormittagsstunden. Für Notfälle gibt es nachts die **Pharmacie de nuit**.

Moscheebesuch

Moscheen und Gebetssäle sind in der Regel nur von außen zu bewundern, ihr Betreten ist Moslems vorbehalten. Mit viel Glück erhält man vom Wächter (gegen ein kleines Trinkgeld) eventuell als Individualreisender die Erlaubnis einzutreten. Korrekte Kleidung ist dafür freilich unerlässlich, die Schuhe sind hinter der Schwelle auszuziehen. Auf Djerba gibt es noch ein, zwei Moscheen, die nur noch selten als Gebetsstätten dienen (→ S. 50, 59); sie können daher auch von Nicht-Muslimen besichtigt werden.

Notruf

Polizei
Tel. 0 56 50 15
Notarzt
Tel. 05 65 01 97, 05 65 72 80

Polltik

Seit 1957 ist Tunesien Republik. Nach französischem Vorbild liegt die politische Führung in den Händen des Staatspräsidenten, der dieses Amt insgesamt 15 Jahre lang ausüben darf. Er ist zugleich Oberbefehlshaber der Streitkräfte und setzt den Ministerpräsidenten ein. Zine el Abedine ben Ali kam am 27. November 1987 als Nachfolger von Staatspräsident Bourguiba an die Macht. Seine Regierung fährt einerseits einen Kurs der Liberalisierung, kontrolliert andererseits jedoch streng das politische Leben des Landes. Daher haben oppositionelle Gruppierungen gegen die herrschende »Konstitutionelle Demokratische Sammlung« (RCD), die fast 90 Prozent der Parlamentssitze auf sich vereint, kaum eine Chance. Das ganze Land wird von Tunis aus zentral verwaltet. Es ist in 23 Gouvernate unterteilt. Djerba gehört zum Gouvernat Médenine.

Post

Die Postämter von Houmt Souk (Avenue Habib Bourguiba) und Midoun (Place de la République), im Hotel Strand und Hotel Dar Jerba sind im Allgemeinen von montags bis freitags zwischen 8 und 12 Uhr sowie von 14.30/15 bis 17.30/18 Uhr und samstags von 8 bis 12 Uhr geöffnet; während der Sommermonate Juli/August und des Ramadan von Montag bis Samstag durchgehend von 8 bis 13 Uhr. Postkarten und Briefe in EU-Länder kosten 550 Millimes. Die Beförderungsdauer ist unbestimmt. Man sollte mit mindestens fünf Tagen rechnen. Pakete und Päckchen brauchen bis zu einem Monat.

Reisedokumente

Individualreisende aus Deutschland, Österreich und der Schweiz benötigen einen bis zum Ausreisedatum gültigen Pass, für deutsche Pauschalurlauber genügt ein Personalausweis. Kinder bis zu 16 Jahren können in den Pass der Eltern eingetragen werden oder reisen mit dem Kinder-

Wer viel Zeit hat, kann einen Ausflug nach Tataouine auf dem Festland einplanen. Das lohnt sich vor allem jedes Jahr am 7. November, wenn der Jahrestag der Machtübernahme durch Staatspräsident Ben Ali gefeiert wird – an diesem Tag gleicht das Städtchen einem gigantischen Festsaal.

MEDIZINISCHE VERSORGUNG – REISEDOKUMENTE

DJERBA VON A–Z

ausweis ein. Zur Ausreise wird unbedingt die Ausreisekarte benötigt, die bei der Einreise bereits ausgefüllt und gestempelt wurde. Sie ist zusammen mit dem Reisepass bzw. Personalausweis vorzuzeigen. Ohne Visum darf man sich als Deutscher bis zu vier Monaten in Tunesien aufhalten, als Schweizer und Österreicher bis zu drei Monaten.

Reisewetter

Auf Djerba herrscht ein mildes und recht ausgeglichenes Klima, selten sinken die Temperaturen tagsüber unter 12 Grad; im Frühjahr und Herbst betragen sie durchschnittlich um 25 Grad. Die Statistik ermittelte 344 Sonnentage im Jahr. Ab April/ Mai ist das Meer bereits recht angenehm temperiert. In den Ferienmonaten Juli und August, wenn das Thermometer manchmal bis auf 40 Grad steigt und sowohl in Tunesien als auch in Frankreich die großen Schulferien sind, wird es mitunter eng an den Stränden.

Im Spätsommer und Frühherbst herrscht oft eine hohe Luftfeuchtigkeit (bis zu 80 %) auf der Insel. Bis Anfang November kann man in der Regel Badefreuden genießen. Für Individualisten empfehlen sich Dezember und Januar als Reisemonate, obwohl zu diesen Zeiten mit Regenfällen zu rechnen ist. Ab Februar/ März steigen die Temperaturen wieder deutlich an – und mit ihnen die Urlauberzahlen.

Rundfunk/Fernsehen

Vor allem in den Abendstunden lässt sich die Deutsche Welle gut empfangen (KW, 15.275 MHz bzw. 6.115 MHz). Die Chaine Internationale (MW, 901 KHz) sendet stündlich Nachrichten in mehreren Sprachen, darunter auch Deutsch. Das tunesische Fernsehen sendet auf einem arabischen und einem französischen

Die genauen Klimadaten von Djerba

		Januar	Februar	März	April	Mai	Juni	Juli	August	September	Oktober	November	Dezember
Durchschnittl. Temp. in °C	Tag	16,0	18,0	20,7	23,3	25,8	29,0	31,5	32,7	31,2	27,6	22,5	17,9
	Nacht	8,4	9,1	11,2	13,7	16,3	19,6	21,8	22,8	21,5	18,5	14,0	10,0
Sonnenstunden pro Tag		7,6	8,3	8,7	8,7	10,2	10,9	12,1	11,6	9,9	7,6	7,5	6,7
Regentage		5	5	4	3	2	1	0	1	4	5	5	5
Wassertemp. in °C		16	16	15	17	18	21	24	26	26	24	20	18

Quelle: Deutscher Wetterdienst, Offenbach

REISEDOKUMENTE – TRINKGELD

Kanal. Dank ihrer Satellitenschüsseln empfangen viele Haushalte und die meisten der Hotels zudem internationale Programme.

Sprache

Die Amtssprache ist Arabisch, genauer ein arabischer Dialekt, der im gesamten Maghreb (Tunesien, Algerien, Marokko, westliches Libyen) gesprochen wird. Nahezu jedermann versteht und spricht, bedingt durch die lange Kolonialzeit, außerdem Französisch. In vielen Hotels ist inzwischen auch Deutsch verbreitet. Grundkenntnisse in dieser Sprache haben auch Taxifahrer, Auto- und Fahrradverleiher, die Verkäufer im Bazar und viele andere, die irgendwie im Fremdenverkehr tätig sind. Im Inselinneren sprechen einige Djerbi noch die Berbersprache.

Stromspannung

220 Volt Wechselstrom sind üblich. Adapter für Steckdosen sind in den Urlauberhotels nicht nötig.

Telefon

Vorwahlen
T → D 0049
T → A 0043
T → CH 0041
danach die Ortsvorwahl ohne die Null und schließlich die Rufnummer.
D, A, CH → T 0021

Die meisten Anschlüsse auf Djerba beginnen mit 65, neuere mit einer 7. Telefonate auch ins europäische Ausland sind von jedem durch ein gleich lautendes Schild gekennzeichneten **Publitel** oder **Taxiphone** sowie von der Post und vom Hotelzimmer aus möglich. Im Hotel sind die Tarife jedoch deutlich höher. Die Grundgebühr für die ersten drei Minuten beträgt dort zwischen / und 10 LD,

jede weitere Minute wird einzeln berechnet. Wer von den privaten Telefonbüros Publitel bzw. Taxiphone nach Europa telefonieren möchte, benötigt Münzgeld mindestens im Wert von einem und einem halben Dinar. Gleiches gilt bei Anwahl einer Mobiltelefonnummer. Innerinsulare Gespräche kosten nur wenige Millimes. Die Angestellten der Telefonzentren wechseln gerne Kleingeld ein. Kartentelefone sind auf Djerba bislang nicht verbreitet.

Mobiltelefone funktionieren überall auf der Insel. Wer im Internet surfen oder seine E-Mails abfragen will, hat dazu in Houmt Souk Gelegenheit (→ S. 38). Auch einige Hotels bieten diesen Service an, er ist dort jedoch mindestens doppelt so teuer wie in den Cyber-Cafés.

Tiere

Für die Mitnahme von Haustieren ist ein Gesundheitszeugnis vonnöten, in dem Impfungen gegen Tollwut und Staupe bestätigt sind. Sie dürfen nicht weiter als sechs Monate zurückliegen und auch nicht weniger als 30 Tage vor Reiseantritt. Größere Hotels erlauben oftmals das Mitbringen von Hunden.

Trinkgeld

Wie in allen arabischen Ländern gehört das Trinkgeld zum Einkommensgefüge. Fünf bis zehn Prozent beim Besuch eines Restaurants sind üblich, auch der Taxifahrer freut sich, wenn der Kunde den Fahrpreis aufrundet. Bei ganztägigen Ausflugsfahrten rechnet der Fahrer fest mit einem zusätzlichen Trinkgeld – und meist auch mit der Einladung zum Mittagessen. Zimmermädchen verdienen sehr wenig und werden oft nur für die Saison eingestellt. Auch hier ist jeder zusätzliche Dinar (zwei bis drei pro Woche) willkommen.

DJERBA VON A–Z

Verkehrsverbindungen

Auto

Bereits am Flughafen von Djerba sind internationale und nationale Autovermietungen vertreten; weitere findet man in Houmt Souk sowie in der Hotelzone. Für einen Kleinwagen (z. B. Citroën Visa, Fiat Uno) muss man pro Tag zwischen 45 und 50 Euro rechnen (ohne Benzin). Auf die in den Prospekten genannten Tarife sind in der Regel noch 17 Prozent Steuer zu zahlen. Wer ein Fahrzeug leihen will, muss mindestens 21 Jahre alt und wenigstens zwölf Monate im Besitz seines Führerscheins sein. Die Hauptverbindungsstraßen sind in gutem Zustand, Orts- bzw. Streckenhinweise indes selten. Innerhalb der Ortschaften gilt eine Geschwindigkeitsbegrenzung von 40 km/h, auf den Landstraßen darf maximal 60 km/h gefahren werden. Alkohol am Steuer ist absolut verboten.

Fahrräder

Für einen Teil der Djerbi, vor allem auf dem Lande, ist das Fahrrad wichtigstes und einziges Fortbewegungsmittel. Touristen können Fahrräder in Houmt Souk, Midoun oder in der Hotelzone leihen. Pro Tag muss man mit einer Leihgebühr zwischen 7 und 15 tD rechnen – je nach Verhandlungsgeschick. Wer mehrere Tage radeln will, sollte versuchen, einen Pauschalpreis für die gesamte Mietdauer zu erzielen. Spezielle Radwege gibt es auf Djerba ebenso wenig wie eine Routenkarte. Auch Luftpumpe und Flickzeug sind keine Selbstverständlichkeit beim Entleihen!

Motorisierte Zweiräder

Wo man Fahrräder leihen kann, gibt es meist auch Mopeds und Motorroller (Scooter), die ohne Führerschein gefahren werden dürfen. Als Leihgebühr werden bis zu 40 tD pro Tag gefordert (halber Tag 25 tD). Handeln!

Busse

Es gibt sieben Buslinien auf Djerba, durchnummeriert von 10 bis 16. Sie starten alle am zentralen Busbahnhof in Houmt Souk. Fünf von ihnen steuern nur direkt bestimmte Dörfer an. Rund um die Insel fahren die Linien 10 (gelb) und 11 (grün). Im Prinzip gibt es jeweils drei Abfahrtstermine am Vormittag und am Nachmittag (zwischen 8.30 und 9 Uhr, gegen 11 Uhr, zwischen 12.45 und 13.30 Uhr, gegen 16.30, zwischen 17.30 und 18.30 Uhr). Der Preis für ein Ticket liegt je nach Entfernung zwischen 520 und 800 Millimes.

Es gibt von Houmt Souk auch ein bis drei Mal täglich Busverbindungen zu Zielen auf dem Festland wie Gabès, El Hama, Sfax und Tunis. Bis Gabès kostet die Fahrt etwa 4,30 tD.

Taxi

In Houmt Souk und Midoun gibt es jeweils einen zentralen Taxihalteplatz. Aber auch vor den Hotels warten meist ein oder zwei der kleinen sonnengelben Pkws. Falls nicht, kann man sie per Telefon rufen (Taxiphone, Hallo Taxi). Anhalten per Hand zeichen an der Straße ist ebenfalls üblich. Alle Taxifahrzeuge sind mit einem Taxameter ausgestattet. Zwischen 21 und 5 Uhr morgens wird auf den Fahrpreis 50 Prozent Nachtzuschlag erhoben. Außer den gelben Taxis verkehren Sammeltaxis (louages). Ein blauer Seitenstreifen auf den Wagen zeigt an, dass sie im gesamten Gouvernat Médenine verkehren; eine rote Linie weist sie als Langstreckenfahrzeuge (bis Sfax, Tunis etc.) aus. Sie fahren erst ab, wenn genügend Passagiere zusammen sind. Bis Gabès kostet ein Platz ca. 5 tD.

Fähre

Von Ajim aus gibt es eine Fährverbindung zum Festland. Tagsüber verkehren die Schiffe alle halbe Stunde,

VERKEHRSVERBINDUNGEN – ZOLL

nachts alle zwei Stunden. Für Fußgänger ist die Benutzung der Fähre
kostenlos, pro Pkw sind 800 Millimes
zu zahlen.

Zu Fuß

An den Küsten Djerbas, vor allem im
Nordosten und Westen, kann man
stundenlang im Sand oder im Wasser
spazieren. Aus der Hotelzone zur
Hauptstadt oder nach Midoun muss
man jedoch auf der Straße gehen.
Spezielle Wanderwege existieren
nicht auf der Insel, man kann in ihrem
Inneren aber den Feldwegen folgen.
Erdwälle gelten als Zäune, sie sind
als Beginn von Privatbesitz unbedingt
zu respektieren! Straßenbeleuchtung
gibt es auf Djerba außerhalb der Ortschaften und der Hotelzone nicht.

Wirtschaft

Waren früher Landwirtschaft, Fischerei, Weberei und die Erzeugung von
Töpferwaren die Haupteinnahme-
quellen Djerbas, so ist es heute der
Tourismus.

Zeitungen

Deutschsprachige und europäische
Tages- oder Wochenzeitungen bzw.
Zeitschriften sind vor allem in den
Kiosken der Touristenhotels erhält-
lich, mitunter auch in Buchläden.

Zeitverschiebung

Wie in ganz Tunesien gilt auf Djerba
die Mitteleuropäische Zeit (MEZ). Es
gibt jedoch keine Sommerzeitrege-
lung. Daher ist es im Sommer eine
Stunde früher als in Mitteleuropa.

Zoll

Der Wert der Souvenirs darf offiziell
nicht höher sein als 50 Euro (in
Österreich 45 Euro, in der Schweiz
200 SF). Auf Teppiche ist ein Zoll von
25 Prozent des Kaufpreises zu zahlen. Ansonsten dürfen zollfrei nach
Europa eingeführt werden: 200 Ziga-
retten (oder 50 Zigarren bzw. 250 g
Tabak), 1 l Spirituosen, 2 l Wein, 50 g
Parfüm, 100 g Tee und 250 g Kaffee.

Wegzeiten (in km) zwischen wichtigen Orten

	Ajim	Douz	El-Kantara	El-May	Gabès	Guellala	Houmt Souk	Matmata	Midoun	Zarzis
Ajim	–	210	20	17	89	11	21	110	28	47
Douz	210	–	230	227	143	221	231	100	238	223
El-Kantara	20	230	–	17	109	9	25	130	20	27
El-May	17	227	17	–	106	14	8	127	11	44
Gabès	89	143	109	106	–	100	110	43	117	138
Guellala	11	221	9	14	100	–	18	121	17	36
Houmt Souk	21	231	25	8	110	18	–	131	16	52
Matmata	110	100	130	127	43	121	131	–	138	123
Midoun	28	238	20	11	117	17	16	138	–	47
Zarzis	47	223	27	44	138	36	52	123	47	–

GESCHICHTE AUF EINEN BLICK

vor ca. 1 Mio. Jahren
Durch den Einsturz der Steilküste
bei Djorf entsteht die Insel Djerba.

ab 3000 v. Chr.
Besiedlung Nordafrikas durch ein
Volk, dessen Herkunft im Dunkeln
liegt.

1500 v. Chr.
Die Griechen unternehmen einen
Vorstoß zur Insel Djerba, führen
Olivenkulturen und Brennöfen ein.

1200 v. Chr.
Phönizische Seefahrer gründen
Ankerplätze der tunesischen Küste.

um 850 v. Chr.
Errichtung einer karthagischen Niederlassung auf Djerba.

46 v. Chr.
Julius Cäsar besiegt die Numider. Ihr
Land wird römische Provinz, und zahl-
reiche neue Städte entstehen. Auf
Djerba wird Meninx zur Metropole.

um 250
In der Stadt Girba wird ein Bistum
eingerichtet, und die ganze Insel
nimmt den Namen der Stadt an.

666
Eroberung Djerbas durch den Gou-
verneur von Tripolis und Gefolgsmann
Mohammeds, Ruwayafa ben Thabit.

942
Ibaditische Muslime wandern auf
Djerba ein und geraten in heftige
Auseinandersetzungen mit dortigen
Sunniten.

1062–1150
Das Freibeutertum breitet sich auf
Djerba aus.

1135
Der Normannenkönig Roger II besetzt
von Sizilien aus Djerba.

1154
Blutiger Aufstand der Djerbi gegen
die normannische Besatzung.

1160
Djerba und Südtunesien werden von
der Dynastie der Almohaden erobert.

1284
Djerba gelangt unter spanische
Besatzung.

1333
Nach mehreren Aufständen der djer-
bischen Bevölkerung verlassen die
Europäer vorübergehend die Insel.

1432
Djerba gelangt erneut in die Hand
der Könige von Aragon.

1510
Im Auftrag des spanischen Königs
Ferdinand II. greift Pedro de Navarra
Djerba an; er muss jedoch wegen
Wassermangel aufgeben.

1520
Eine Flotte Kaiser Karl V. erobert
Djerba.

ab 1524
Die türkischen Freibeuter Dragut und
Kheir ed Din suchen Unterschlupf
auf Djerba. Die Insel wird zum Haupt-
stützpunkt für ihre Piratenzüge.

1551
Unter dem Kommando von Andrea
Doria entsendet Karl V. erneut eine
Armada nach Djerba. Sie soll dem
Freibeutertum ein Ende machen.

1560
Ein spanischer Flottenverband ver-
sucht Djerba einzunehmen. Dragut
schlägt ihn mit osmanischer Hilfe.

1574–1881
Tunesien gelangt unter osmanische
Herrschaft.

GESCHICHTE AUF EINEN BLICK

1881
Französische Truppen besetzen
Südtunesien von Algerien aus;
der Bey wird zum Abschluss eines
Protektoratvertrages gezwungen.

1890
Die französischen Truppen verlassen
Djerba; die Insel wird einer Zivil-
verwaltung unterstellt.

1907
Gründung der Partei der »Tunesischen Jugend« durch junge Intellektuelle. Die Gruppe strebt nach Re-
formen, ohne die Kolonialherrschaft
in Frage zu stellen.

1915–1917
Aufstand in Südtunesien.

1920
Die türkische Vorherrschaft in Südtunesien wird offiziell durch den Ver-
trag von Sèvres beendet. Gründung
der freiheitlichen Verfassungspartei
Destour durch junge Intellektuelle.

1934
Gründung der radikaleren Neo-Des-
tour-Partei durch Habib Bourguiba.

1938
Zerschlagung der Neo-Destour-
Partei und Verhaftung ihrer Führer.
Bourguiba wird verbannt.

1942
Besetzung Tunesiens durch deutsche
und italienische Truppen. Es kommt
zu heftigen Kämpfen entlang der Mareth-Linie bei Gabès.

1949
Bourguiba kehrt nach Tunis zurück
und nimmt den Kampf um die Un-
abhängigkeit des Landes wieder auf.

1950
Die Freiheitskämpfe verschärfen
sich. Maßgeblichen Anteil daran hat

der aus Djerba stammende, pan-
arabisch orientierte Gewerkschafts-
führer Achmed Salah Ben Youssef.

1955
Habib Bourguiba entmachtet Salah
Ben Youssef.

1956
Ende des französischen Protektorats.
Tunesien wird formell unabhängig.

1957
Tunesien wird Republik mit Bourguiba als Präsident. Ausschaltung
der Opposition und Gleichschaltung
der Gewerkschaften.

1961
Salah Ben Youssef wird in einem
Frankfurter Hotel ermordet.

1962
Bau des ersten Ferienhotels auf
Djerba.

1964
Djerbas Flughafen wird eröffnet.

1972
Beginn des Massentourismus.

1987
Zine el Abidine ben Ali, der ehemalige Ministerpräsident Bourguibas,
wird neuer Staatspräsident Tunesiens. Verfassungsreform.

1994
Wiederwahl Ben Alis und der 1988
in Konstitutionelle Demokratische
Sammlung (RCD) umbenannten
Sozialistischen Destour-Partei (PSD).

1999
Zine Ben Ali wird erneut als Staats-
oberhaupt gewählt.

2000/2001
Eröffnung des Volkskundemuseums
von Guellala auf Djerba.

SPRACHFÜHRER

Aussprache
~ über einem Vokal bedeutet, dass
er nasal ausgesprochen wird:
ã wie z.B. in chance
ä wie in terrain
õ wie in Bonbon

Wichtige Wörter und Ausdrücke

ja	*oui [ui]*
nein	*non [nõ]*
bitte	*s'il vous plaît [sil wu plä]*
danke	*merci [mersi]*
und	*et [e]*
Wie bitte?	*Comment? [komã]*
Ich verstehe nicht	*Je ne comprends pas [schön kõmprã pa]*
Entschuldigung	*pardon/excusez-moi [pardõ/ exküseh-moa]*
Guten Morgen/ Tag	*bonjour [bõschur]*
Guten Abend	*bonsoir [bõsuar]*
hallo	*salut [salü]*
Ich heiße	*Je m'appelle [schö mapäl]*
Ich komme aus	*Je suis de [schö süi dö]*
Wie geht es Ihnen/Dir?	*Comment allez-vous/vas-tu [kommã alleh-vu/va-tü]*
danke, gut	*bien, merci [bjä mersi]*
wer, was, welcher	*qui, que, lequel [ki, kö, lökel]*
wie viel	*combien [kombiä]*
wo ist	*où-est [u-ä]*
wann	*quand [kõ]*
wie lange	*combien de temps [kõbiäd tã]*
Sprechen Sie Deutsch?	*Parlez-vous allemand [parle-vu almã]*
Auf Wiedersehen	*au revoir [oh rövuar]*
heute	*aujourd'hui [oschurdüi]*
morgen	*demain [dömã]*
gestern	*hier [jär]*

Zahlen

eins	*un [ä]*
zwei	*deux [döh]*
drei	*trois [troa]*
vier	*quatre [katr]*
fünf	*cinq [sãk]*
sechs	*six [sis]*
sieben	*sept [set]*
acht	*huit [üit]*
neun	*neuf [nöf]*
zehn	*dix [dis]*
hundert	*cent [sã]*

Mit und ohne Auto unterwegs

Wie weit ist es	*Combien de kilomètres y a-t-il [kombiä dö kilomätr i jatil]*
Es ist weit	*C'est loin [sä luã]*
Wo ist...	*Où se trouve... [us truv]*
– die nächste Werkstatt	*le garage le plus proche [le garasch le plü prosch]*
– der Bahnhof/ Busbahnhof	*la gare (routière) [la gar/gar rutjär]*
– U-Bahn-Haltestelle/ Bus-Station	*l'arrêt du métro [larrä dü metroh]/ l'arrêt d'autobus [larrä dotobus]*
– der Flughafen	*l'aéroport [laehropor]*
– eine Bank	*une banque [ün bãk]*
– eine Tankstelle	*une station-service [ün stasjõ servis]*
Ich suche einen Arzt/eine Apotheke	*Je cherche un médecin/une pharmacie [schö schersch ä mehdsä/ ün farmasi]*
Bitte volltanken!	*Le plein, s'il vous plaît [lö plä sil vu plä]*
Normalbenzin	*l'essence [lesãs]*
Diesel	*gas-oil [gasual]*

SPRACHFÜHRER

nach rechts/ links	*à droite/gauche [a druat/gohsch]*
geradeaus	*tout droit [tu drua]*
Ich möchte ein Auto/Fahrrad mieten	*Je voudrais louer une voiture/bicyclette [jö vudrä lueh ün voatür/ bisiclät]*
Es ist ein Unfall passiert	*Il y a un accident [il ja än aksidã]*
Eine einfache Fahrt 1./2. Klasse nach …	*Un aller première/ deuxième classe pour… [än aleh döhsjäm/prömjär klas pur]*
Ich möchte … Euro in Franc wechseln	*Je voudrais changer … Euro en francs [schö wudrä schäscheh … Euro en frã]*

Hotel

Ich suche ein Hotel	*Je cherche un hôtel [schö schersch ä ohtäl]*
Haben Sie noch Zimmer frei?	*Avez-vous encore des chambres libres? [aveh-vu ãkor deh schäbrö libr]*
– für eine Nacht	*pour une nuit*
– für eine Woche	*pour une semaine [pur ün sömän]*
Ich habe ein Zimmer reserviert	*J'ai réservé une chambre [schä reserveh ün schäbrö]*
Wie viel kostet das Zimmer?	*Combien coûte la chambre? [kombiä kut la schäbrö]*
– mit Frühstück	*avec petit déjeuner compris [awek pti dehschöheh kõpris]*
Kann ich das Zimmer sehen?	*Est-ce que je peux voir la chambre? [äs kö schö pöh vuar la schäbr]*
Ich nehme das Zimmer	*Je prends la chambre [schö prã la schäbr]*

Restaurant

Die Speisekarte, bitte	*La carte, s'il vous plaît [la kart sil vu plä]*
Die Rechnung, bitte	*L'addition, s'il vous plaît [ladisjõ sil vu plä]*
Ich nehme…	*Je prends… [schö prã]*
Wo finde ich die Toiletten (Damen/ Herren)?	*Où sont les toilettes (dames/ hommes)? [u sõ leh toalät (dam/om)]*
Kellner	*garçon [garsõ]*
Frühstück	*petit déjeuner [pti dehschöhen]*
Mittagessen	*déjeuner [dehschöneh]*

Einkaufen

Wo finde ich …?	*Où est-ce qu'on peut acheter…? [u äs kõ pöht aschteh]*
Haben Sie …?	*Vous avez …? [vus aweh]*
Wie viel kostet das?	*Combien ça coûte? [kõbiä sa kut]*
Das ist zu teuer	*C'est trop cher [sä tro schär]*
100 g/ein Kilo	*cent grammes/un kilo de [doneh moa sã gram/ä kiloh dö]*
Markt	*marché [marscheh]*
Metzgerei	*boucherie [buschri]*
Haushaltswaren	*articles ménagers [artikl mehnascheh]*
Lebensmittelgeschäft	*épicerie [ehpisri]*
Briefmarken für einen Brief/ eine Postkarte nach Deutschland/Österreich/in die Schweiz	*des timbres pour une lettre/carte postale pour l'Allemagne/l'Autriche/ Suisse [deh täbr pur ün lettr/ün kart postal pur lalman/ lotrisch/la süis]*

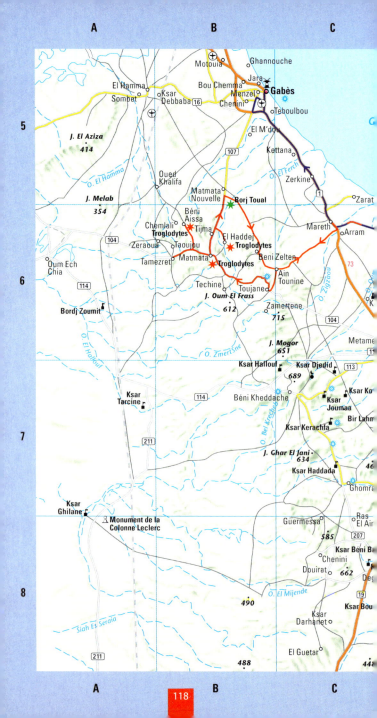

D E F

Mediterranean Sea

5

Houmt Souk
Ile de Djerba
Mellita
Hara Kebira
Cedriane
Ras Touguerness
Erriadh
Mahboubing
La Ghriba
Midoun
El May
Gabès
116
117
Aghir
Sidi Slim
Ajim
Sedouikech
Guellala
Meninx
Djorf
Bordj Kastil
El-Kantara

6

116
Sidi Yati
El-Kantara
Continent
Ras Marmour
Hassi Djerbi
108
Sanghou
*Golfe de
Bou Grara*
Sidi Chammakh
117
Bou Grara
Ksar Ezzaouia
Gightis
115
di Makhlouf
Mouansa
Zarzis
118

7

El Grabatt
Sebkhet El Melah
Ras Lemsa
Darghoulia
118
edenine
Naoura
Si Ahmed Chaouch
(El Bibane)
1
109
*Bahiret
El Bibane*
Neffatia
77
El Marsa
Ben
Guerdane
O. Bou Ahmed
O. Fessi
asa
O. Tataouine
Kirchaou
D
j
e
f
f
a
r
a

8

J. Rehach
235
rine
Ksar Djelidat
Ksar Cherchara
hbab
Ksar Mehiria
Ksar Ouled Aoun
*Sebkhet Oum
El Khialat*
Krachaoua
Ksar Morra
Ksar Ouled
Soltane
sar Remtha
J. Si Toui
178
Ksar Retbet
El Krachaoua
Ksar Djedid

D E

0 18 Km

119

©MERIAN-Kartographie

N

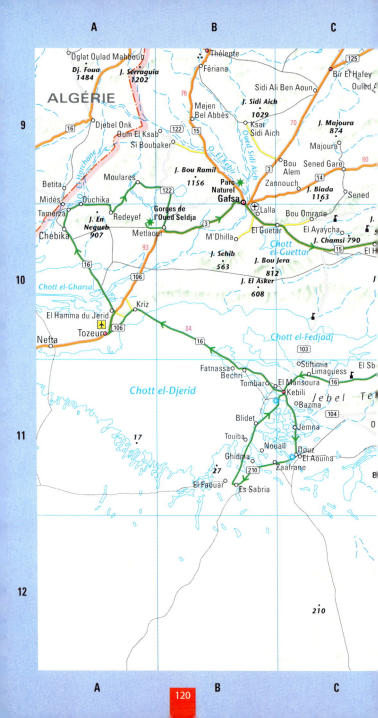

KARTENREGISTER

A

Abarda B2, 116
Agareb E9, 121
Aghir E2, 117
Ain Fellat F9, 121
Ain Tounine C6, 118
Akaziat D10, 121
Amchoun D6, 119
Arram C6, 118

B

Bazma C11, 120
Bechri B11, 120
Bedouine D2, 117
Ben Guerdane F7, 119
Beni Zelten B6, 118
Betita A9, 120
Bir Ali Ben Khelifa
  E9, 121
Bir El Hafey C9, 120
Blidet B11, 120
Bordj Hachichina
  E9, 121
Bou Alem C9, 120
Bou Chemma B5, 118
Bou Grara A4, 116
Bou Omrane C10, 120
Béni Aissa B6, 118
Béni Kheddache
  C7, 118

C

Cedriane D1, 117
Chebika A10, 120
Chemlali B6, 118
Chenini C8, 118
Chenini B5, 118
Chia A6, 118

D

Darghoulia D6, 119
Deghaghra D8, 119
Djebel Onk A9, 120
Djorf B3, 116
Dokhane F9, 121
Douirat C8, 118
Douz C11, 120

E

El Aouina C11, 120
El Ayaycha C10, 120
El Bedarna F9, 121
El Faouar B11, 120
El Ghriss D9, 121
El Grabatt D6, 119
El Guetar C8, 118
El Guetar C10, 120
El Haddej B6, 118
El Haffey C10, 120
El Hamma A5, 118
El Hamma du Jerid
  A10, 120
El Mansoura B11, 120
El Marsa F7, 119
El May C2, 116
El M'dou B5, 118
El-Kantara D3, 117
El-Kantara Continent
  D3, 117
Er Remla F9, 121
Erriadh C1, 116
Es Sabria B11, 120

F

Fahmine C2, 116
Fatnassa B11, 120
Fériana B9, 120

G

Gabès B5, 118
Gafsa B9, 120
Ghannouche C5, 118
Ghedir Rebaia D9, 121
Ghidma B11, 120
Ghomrassen C7, 118
Graiba E9, 121
Guachen D1, 117
Guermessa C8, 118

H

Hamadi E4, 117
Hara Kebira C1, 116
Hassi Djerbi E3, 117
Houmt Souk C1, 116
Houmt Toujem C2, 116

J

Jara B5, 118
Jemna C11, 120

K

Kebili C11, 120
Kettana C5, 118
Khaoul el Ghadir
  D4, 117
Kirchaou E7, 119
Koutine C6, 118
Krachaoua D8, 119
Kriz A10, 120
Ksar Darhanet C8, 118
Ksar Debbaba B5, 118
Ksar Sidi Aich B9, 120

L

Lalla B10, 120
Limaguess C11, 120

M

Magda E9, 121
Mahboubine D2, 117
Mahrès E9, 121
Majoura C9, 120
Mareth C6, 118
Matmata B6, 118
Matmata Nouvelle
  B5, 118
Mazzouna D9, 121
M'Dhilla B10, 120
Mejen Bel Abbès
  B9, 120
Meknassy D9, 121
Mellita B1, 116
Menzel B5, 118
Menzel Chaker E9, 121
Metameur C6, 118
Metlaoui B10, 120
Mezraya D1, 117
Midoun D1, 117
Midès A9, 120
Motouia B5, 118
Moulares A9, 120
Médenine D6, 119

KARTENREGISTER

N

Nakta E9, 121
Neffatia E7, 119
Nefta A10, 120
Nouail B11, 120

O

Oglat Oulad Mahboub
  A9, 120
Oualegh C1, 116
Ouali D10, 121
Ouchika A9, 120
Oued Akarit D10, 121
Oued Khalifa B5, 118
Ouedrane D2, 117
Ouled Ahmed D9, 121
Ouled Yaneg F9, 121
Oum Ech A6, 118
Oum El Ksab B9, 120

R

Ras El Ain C8, 118
Redeyef A10, 120
Regueb D9, 121

S

Sbih D10, 121
Sedouikech C2, 116
Sened C9, 120
Sened Gare C9, 120
Sfax F9, 121
Si Boubaker B9, 120
Si Makhlouf D6, 119
Si Youssef F9, 121
Sidi Ali Ben Aoun
  C9, 120
Sidi Daher D9, 121
Sidi Litayem E9, 121
Sidi Mansour D10, 121
Sidi Mansour F9, 121
Sidi Slim E2, 117
Sidi Yati B3, 116
Skhira E10, 121
Sombet A5, 118
Souani C1, 116
Souihel F4, 117
Stiftimia C11, 120

T

Tamerza A10, 120
Tamezret B6, 118
Taoujou B6, 118
Tataouine C8, 118
Teboulbou B5, 118
Techine B6, 118
Thélepte B9, 120
Tijma B6, 118
Tombar B11, 120
Toujane B6, 118
Tozeur A10, 120
Tyna F9, 121

Z

Zaafrane B11, 120
Zabbeuss D9, 121
Zagrata D10, 121
Zamertene B6, 118
Zannouch C9, 120
Zarat C5, 118
Zeraoua B6, 118
Zerkine C5, 118

Orts- und Sachregister

Hier finden Sie alphabetisch aufgeführt alle in diesem Band beschriebenen Orte und Ziele, Routen und Touren. Bei einzelnen Sehenswürdigkeiten steht jeweils der dazugehörige Ort in Klammern, bei Hotels steht zusätzlich die Abkürzung H für Hotel. Außerdem enthält das Register wichtige Stichworte sowie alle MERIAN-Tipps dieses Reiseführers. Wird ein Begriff mehrfach aufgeführt, verweist die **fett** gedruckte Zahl auf die Hauptnennung im Band.

A

Aghir 48
Ain Tounine 89
Ajim 12, 38, **55**, 85, 86, 88
Akkara-Halbinsel 66
Amira (H, Zarzis) 17, **68**
Anreise 98
Apartments 17
Arisha (H, Houmt Souk) 17, **29**
Arkou 83
Arzt 105
Athenée Palace (H, Sidi Mahrès) 17, **51**
Auskunft 98
Autofahren 98, 110
Autorundfahrten 88, 92

B

Baccar (Houmt Souk, MERIAN-Tipp) 23
Bah-Bah Freizeitpark (Houmt Souk) 71
Béchir Kouniali (Houmt Souk, MERIAN-Tipp) 34
Belvédère 93
Ben Abbès (H, Houmt Souk) 17, **29**
Beni Aissa 90
Bergland 88
Bevölkerung 99
Bootstouren 73, 78
Bordj Ben Ayad 48
Bordj Djillidj **38**, 84
Bordj El Kebir 33
Bordj el Marsa 55
Bordj Ghazi Mustapha (Houmt Souk) 33
Bordj Kastil 64
Botschaften 99
Bou Dafeur 90
Bustour 86, 92
Busverbindungen 110

C

Camping 99
Cedriane 38
Centre Vacances Aghir (H, La Séguia) 17, **52**

Chebika 93
Chenini 87
Chott El-Djerid 93
Chott El-Gharsa 93
Club Calimera (H, La Séguia) 17, **52**
Club Med La Fidèle (H, La Séguia) 17, **52**
Club Med La Nomade (H, Sidi Mahrès) 17, **51**, 71
Club Palma Djerba (H, La Séguia) 17, **52**
Coralia Club Palm Beach Djerba (H, Sidi Mahrès) 17, **71**

D

Dar Ali (H, Sidi Mahrès) 17, **51**
Dar Dhiafa (H, MERIAN-Tipp) **16**, 17
Dar Faiza (H, Houmt Souk) 17, **30**
Dar Midoun (H, Sidi Mahrès) 17, **51**
Dattelhain (Ajim) 56
Diplomatische Vertretungen 99
Djema El Ghorba (Houmt Souk) 32
Djerba Midoun (H) 17, **43**
Djerba Orient (H, Sidi Mahrès) 17, **51**
Djorf 55, **58**, 88, 91, 95
Douz 92

E

Einkaufen 100
El-Kantara 55, **65**
El Machrek (H, Houmt Souk) 17, **30**
El-May 9, **38**
Entfernungstabelle 111
Erriadh (H, Houmt Souk) 17, **30**
Erriadh 40
Essdolmetscher 24
Essen und Trinken 18

ORTS- UND SACHREGISTER

F
Fährverbindungen 98, 110
Fahrrad fahren 73, 110
Fahrradtouren 81, 84
Familienhotels 17
Feiertage 102
Ferienhäuser 17
Ferienhotels 17
Fernsehen 108
Feste 102
Flamingo-Insel 41, 78
Flughafen Melitta 98
Flugverbindungen 98
Fort Ghazi Mustapha (Houmt Souk) 29, 33
Fotografieren 103
Frauen allein unterwegs 103
Fremdenmoschee (Houmt Souk) 32
Fremdenverkehrsämter 98

G
Gabès 86
Gafsa 95
Geld 103
Geschichte 112
Getränke 18
Gightis 58
Giktis (H, Zarzis) 17, **68**
Golf 73
Golf von Bou Grara 58
Golf von Gabès 10
Grand Hotel des Thermes (H, Houmt Souk) 17, **30**
Guachen 9, **41**
Guellala 12, 55, **60**

H
Haddej 91
Hammam 73
Hammam Bakusch (Midoun, MERIAN-Tipp) 48
Handeln 104
Handwerkerhof (Houmt Souk, MERIAN-Tipp) 37

Hasdrubal Thalassa (H, Sidi Mahrès) 17, **51**
Heimatmuseum (Guellala) 71
Hotels 14, **17**
Hotels mit Flair 17
Houmt Souk 8, 12, **29**, 78, 84, 86

I
Ile des Flamants **41**, 75, 78

J
Jemaa El Kateb (Mahboubine) 48
Jemaa el Kebir (Melitta) 41
Jugendherbergen 17, 30, 52

K
Kap Touguerness 50
Karawanserei (H) 17
Kebili 92, 93
Keramik (MERIAN-Tipp) 64
Khasroun 82
Kinder 70
Kinderfreundliche Hotels 71
Kleidung 104
Klima 108
Kriminalität 105
Kurhotels 17

L
La Grotte (Zarzis) 69
La Séguia 43, **50**, 51
Laghba-Omer-Fest (Erriadh, MERIAN-Tipp) 40
Les Quatres Saisons (H, Sidi Mahrès) 17, **51**
Les Sables d'Or (H, Houmt Souk) 17, **30**
Lesetipp 11
Leuchtturm 84
Lotos (H, Houmt Souk) 17, **30**
Luxushotels 17

M
Mahboubine **48**, 82
Marabout Satouri (Mahboubine) 50
Mareth 88, 91
Marhala (H, Houmt Souk) 17, **30**
Matmata 88, **89**
Medizinische Versorgung 105
Melia Djerba Menzel (H, La Séguia) 17, **52**
Melitta **41**, 98
Meninx 65
MERIAN-Lesetipp 11
Metlaoui 93, **95**
Mezraya 50
Midès 94
Midoun 9, **43**, 81
Miramar Cesar Palace (H, La Séguia) 17, **52**
Miramar Djerba Palace (H, Sidi Mahrès) 17, **71**
Mittelklassehotels 17
Moschee (Sedouikech) 66
Moschee Jemaa Fadhloun 50
Moschee Jemaa Lutar **59**, 85
Moschee Sidi Djemour 85
Moscheebesuch 106
Musée de Matmata 89
Musée des Arts et Traditions (Houmt Souk) 34
Musée du Patrimoine (Guellala) 71
Museum Dar Cherait (Tozeur) 93
Museum für Volkskunde (Guellala) 60, **62**
Museum für Volkskunde (Houmt Souk) 34

N
Nebenkosten 104
Notarzt 106
Notruf 106
Nozha (H, Zarzis) 17, **68**

ORTS- UND SACHREGISTER

O

Oamarit (H, Zarzis)
17, **68**
Odyssee (H, Zarzis)
17, **68**

P

Palmenhain (Gabès) 86
Paragliden 73
Plage Séguia 75
Politik 106
Polizei 106
Post 106
Preisklassen (H) 17
Preisklassen (R) 23

Q

Quads 74

R

Ras Touguerness 50
Reisedokumente 106
Reisewetter 108
Reiten 74
Résidence Jinène (H,
Midoun) 17, **44**
Routen 76, 78, 81, 84,
86, 88, 92
Rundfunk 108

S

Sangho Club (H, Zarzis)
17, **68**
Sangho Village (H, Sidi
Mahrès) 17, **52**
Schiffsverbindungen 98
Schnorcheln 74
Schwamm (MERIAN-
Tipp) 56
Sedouikech 66
Segeln 74
Seldja-Schlucht 93
Sidi Garous 51
Sidi Mahrès 43, **50**, 75
Sidi Slim (H, La Séguia)
17, **52**
Sofitel Palm Beach (H,
Sidi Mahrès) 17, **52**
Souks (Houmt Souk) 33
Sport 72
Sprache 109

Sprachführer 114
Strände 72, **75**
Stromspannung 109
Surfen 74
Synagoge La Ghriba
(Erriadh) 40

T

Tagesausflüge 86, 88
Tamerza 94
Tamezret 90
Tarf el Djerf 58
Taxis 110
Telefon 109
Thalasso 75
Thermalquelle (Zarzis)
68
Tiere 109
Töpferwaren (MERIAN-
Tipp) 64
Tor der Sahara 92
Toujane 89
Touren 76, 78, 81, 84,
86, 88, 92
Tourismus 12
Tozeur 93
Trinkgeld 109
Tryp Palm Azur (H, La
Séguia) 17, **53**
Türkenmoschee (Houmt
Souk) 32

U

Unterkünfte 14, **17**
Urlaub auf dem Bauern-
hof 17
Urlaub auf dem Bauern-
hof (Midoun, MERIAN-
Tipp) 47

V

Verkehrsverbindungen
110

W

Wandern 73, 111
Wanderung 84
Wasserski 74
Westküste 84
Wetter 108
Wirtschaft 111

Z

Zaafrane 92
Zaouia Sidi Zitouni
(Houmt Souk) 29, **32**
Zarzis (H) 17, **69**
Zarzis 66
Zeitungen 111
Zeitverschiebung 111
Zephir (H, Zarzis) 17, **69**
Ziha (H, Zarzis) 17, **69**
Zoll 111

Besuchen Sie eine der geheimnisvollsten Oasen der Sahara, und erleben Sie mit MERIAN den Zauber aus 1001 Nacht.

MERIAN erhöht den Erlebniswert jeder Reise – ob vor Ort oder in Gedanken zu Hause. Jeden Monat entführt MERIAN seine Leser mit faszinierenden Fotos und aufregenden Reportagen renommierter Fotografen und Autoren zu den schönsten und interessantesten Plätzen der Welt. MERIAN bietet außerdem einen umfangreichen Service- und Kartenteil mit ausgewählten Tipps und exklusiven Adressen. MERIAN – mit allen Sinnen verreisen.

Über 100 weitere MERIAN-Ausgaben im Buchhandel erhältlich.

MERIAN
Die Lust am Reisen

IMPRESSUM

Liebe Leserinnen und Leser,

Sie haben die Neuausgabe 2002 von MERIAN live! vor sich, die von unserer Autorin aktuell vor Ort recherchiert wurde. Wir freuen uns, Ihre Meinung zu diesem Reiseführer zu erfahren. Bitte schreiben Sie uns, wenn Sie Berichtigungen und Ergänzungsvorschläge haben oder Ihnen etwas besonders gut gefällt.

Gräfe und Unzer Verlag, Reiseredaktion, Postfach 86 03 66, 81630 München
E-Mail: merian-live@graefe-und-unzer.de

Alle Angaben in diesem Reiseführer sind gewissenhaft geprüft. Preise, Öffnungszeiten usw. können sich aber schnell ändern. Für eventuelle Fehler übernimmt der Verlag keine Haftung.

Redaktion: Christa Botar
Kartenredaktion: Reinhard Piontkowski, Beate Jankowski

**Bei Interesse an Karten aus MERIAN-Reiseführern schreiben Sie bitte an: iPublish GmbH, geomatics, Berg-am-Laim-Straße 47, 81673 München.
E-Mail: geomatics@ipublish.de**

Alle Rechte vorbehalten. Nachdruck, auch auszugsweise, sowie die Verbreitung durch Film, Funk, Fernsehen und Internet, durch fotomechanische Wiedergabe, Tonträger und Datenverarbeitungssysteme jeglicher Art nur mit schriftlicher Genehmigung des Verlages.

© Gräfe und Unzer Verlag GmbH, München

Auflage   5.   4.   3.   2.   1.

Gestaltung: Ludwig Kaiser
Karten: MERIAN-Kartographie
Produktion: Maike Harmeier
Satz: H3A GmbH, München
Druck und Bindung:
Stürtz AG, Würzburg

Alle Fotos von
Willy G. M. C. Van Sompel

ISBN 3-7742-0885-9

Gedruckt auf Luxosamtoffset von Schneidersöhne Papier.